PENSAR A LA JAPONESA

LE YEN MAI

PENSAR
A LA
JAPONESA

Un viaje por el estilo de vida
del país del Sol Naciente

URANO

Argentina – Chile – Colombia – España
Estados Unidos – México – Perú – Uruguay

Título original: *Il Pensiero Giapponese*
Editor original: Giunti Editore, S.p.A.
Traductora: Marisa Tonezzer

1.ª edición Marzo 2022

Copyright © 2020 by Giunti Editore S.p.A., Firenze-Milano www.giunti.it
© de la traducción 2021, Marisa Tonezzer
Imágenes: © Franzi / Shutterstock (apertura de capítulos),
Archivo Giunti (imágenes interiores)
© 2022 *by* Ediciones Urano, S.A.U.
Plaza de los Reyes Magos, 8, piso 1.º C y D – 28007 Madrid
www.edicionesurano.com

ISBN: 978-84-17694-61-6
E-ISBN: 978-84-19029-31-7
Depósito legal: B-1.249-2022

Impreso por: Rodesa, S.A. – Polígono Industrial San Miguel
Parcelas E7-E8 – 31132 Villatuerta (Navarra)

Impreso en España – *Printed in Spain*

Índice

1. Wabi sabi:

El elogio de la imperfección.   15

Wabi sabi significa belleza imperfecta, efímera e incompleta. Es una cosmovisión basada en la capacidad de aceptar la fugacidad de las cosas y reconocer la belleza incluso en la imperfección.

2. Kaizen:

Cómo abrazar el cambio imitando y mejorando.   29

Kaizen: Cómo abrazar el cambio imitando y mejorando. *Kaizen* combina el concepto de «cambio» (*kai*) y el de «mejora» (*zen*), y esencialmente indica una evolución positiva lenta, constante y gradual, que no establece metas distantes y fuera de alcance, sino que se concentra en los pequeños pasos que se deben realizar cada día para acercarse a la meta.

3. Hanafubuki:

A través de la tormenta (de flores de cerezo)   45

Hanafubuki: A través de la tormenta (de flores de cerezo). *Hanafubuki* (literalmente «nevada de flores de cerezo») es el momento mágico en el que las *sakura* comienzan a caer, creando una delicada tormenta de pétalos. Este concepto de belleza efímera es una metáfora de la vida humana, rica y bella, pero también frágil y fugaz.

Omoiyari: La importancia de las emociones (de los otros). El significado principal de *omoiyari* es la sensibilidad de un individuo para imaginar los sentimientos y problemas personales de los demás, teniendo en cuenta sus circunstancias. Cuando los japoneses perciben la bondad de otras personas hacia ellos y creen en la sinceridad de sus sentimientos, pensamientos y actitudes, aprecian profundamente el *omoiyari*.

Kintsugi: Un reparador para el alma. *Kintsugi* o *kintsukuroi* es el arte japonés de reparar con oro los objetos de cerámica rotos. De esta forma, lo que se rompe no se deja a un lado ni se desecha, sino que adquiere un nuevo valor.

Nintai: Escribo «paciencia», leo «perseverancia». *Nintai* no solo significa «paciencia», también esconder la fatiga, tolerar las dificultades en silencio, resistir la ansiedad que provoca el paso del tiempo, saber esperar. Las cosas valiosas son difíciles de obtener de inmediato o por casualidad. Requieren paciencia.

Itadakimasu: La bondad y la felicidad nacen de la gratitud. *Itadakimasu* es mucho más que nuestro «¡Buen provecho!». Esta palabra, de hecho, encierra un significado muy profundo: «recibir con humildad». Así es como agradecemos a quienes prepararon nuestra comida, pero también a quienes trabajaron antes, en el campo o en el río, para hacer posible el plato que tenemos en la mesa.

Omotenashi: Conocer de antemano las necesidades de los demás. *Omotenashi* es una palabra japonesa que se suele traducir superficialmente como «hospitalidad», una interpretación que la priva de su sentido profundo y de los diferentes matices que la caracterizan. *Omotenashi* es la capacidad de anticiparse a los deseos y expectativas del otro, incluso antes de que este los manifieste de forma explícita.

Shinrin-yoku: Anclados a la tierra, fuera del espacio y del tiempo. *Shinrin-yoku* (que podría traducirse como «aprovechar la atmósfera del bosque» o «baño de bosque») es una terapia de bienestar especial que consiste en buscar un lugar tranquilo para estar entre los árboles a fin de recuperar el contacto con la naturaleza.

Hanasaki: El arte japonés de vivir más tiempo. Hanasaki es una palabra compuesta por *hana* («flor») y *saki* («que florece»). La base de este principio es el deseo de permitir que florezca la mejor versión de nosotros mismos, para así vivir más tiempo.

Koi no yokan: La inevitabilidad del amor. *Koi no yokan*, «premonición del amor». Ligeramente diferente de nuestro «amor a primera vista», esta expresión representa la sensación que se tiene de estar posiblemente enamorado de una persona a la que se conoce por primera vez.

12. Danshari:

Danshari: El elogio del minimalismo. *Danshari* es un término derivado del pensamiento zen que expresa el concepto japonés de esencialidad, un principio filosófico que involucra el rechazo del orgullo y la ostentación, el abandono de todo exceso y, en consecuencia, la liberación de todo lo que no es esencial.

13. Ikigai:

Ikigai: La razón para levantarse por la mañana. *Ikigai* significa «razón de ser», y según los japoneses todo tiene un *ikigai*. Encontrar el propio requiere una investigación y una introspección profundas: el *ikigai* nos restituye el significado de la vida, pero tenemos que trabajar duro para descubrirlo.

14. Yūgen:

Yūgen: Soy parte del universo. *Yūgen* es esa sensación de sorpresa y asombro que experimentamos cuando, incluso en la oscuridad más completa, nos invade un profundo sentimiento de belleza, dicha y paz. *Yūgen* describe el sentimiento de comunión con el universo cuando percibimos que somos uno con todo lo que nos rodea.

15. Mono no aware:

Mono no aware: La belleza en la fragilidad y la imperfección de la existencia. *Mono no aware* puede definirse como el *pathos* de las cosas, un sentimiento de participación emocional con relación a la existencia. Es la contemplación de la belleza, seguida de la sensación nostálgica que nos produce su incesante cambio.

INTRODUCCIÓN

A TRAVÉS DEL KANSAI, 2019

La frescura de la campiña, atravesada por los rayos del sol del amanecer en una hermosa mañana de otoño. Todo el campo está cultivado y todavía verde: campos de maíz, de arroz y de ñame, con esas hermosas hojas ornamentales que rara vez se ven en nuestros jardines. Campos en los que se ve mucha gente trabajando. Todo nuestro viaje discurre a través de llanuras desde las que no se aprecia ninguna de las montañas cubiertas de bosques que surcan el país. ¡Qué lejana parece Europa!

En el verde de los prados abundan las flores rojas, una especie de azucenas de los pantanos, de pétalos delgados y rizados, parecidas a plumas de avestruz. En todos los pequeños arroyos que rodean los arrozales abundan esas flores, que forman por doquier elegantes orlas de plumas.

Pequeñas estaciones con nombres extraños. Junto a los edificios ferroviarios, las tuberías y las máquinas, los grandes pilares de hormigón del Shinkansen, sorprende encontrar templos antiguos de techos curvos con sus *torii*, sus árboles sagrados, sus pilones y sus *yōkai*, los demonios votivos. Este Japón es desconcertante, heterogéneo, inverosímil, con su inmovilidad de quince o veinte siglos y la repentina pasión por las cosas modernas, que se ha adueñado de él como un vértigo. Y, lo que es aún más llamativo, la perfecta coexistencia de estas dos almas japonesas.

La ciudad en la que aterricé —y la primera en la que me detuve— fue Osaka, un vertiginoso centro mercantil que conserva muy poco de su pasado. Algunos templos, miles de callejones que parecen trazados con escuadras, canales como los venecianos —muy bien escondidos—, bazares de bronce y porcelana, pero también grandes autovías, trenes monorraíl y la sensación constante de estar en un hormiguero en movimiento.

De Osaka a Kioto vemos la misma campiña verde y los mismos cultivos fecundos, pero se empiezan a distinguir las lejanas cadenas montañosas, cubiertas de bosques. En la penúltima estación, una anciana de la alta sociedad se sube a mi compartimento y nos hace elegantes reverencias. Parece salida de la pintura de un biombo: cejas cuidadosamente afeitadas, bata de seda con grullas bordadas y grandes pinzas de carey prendidas entre el cabello ralo. Intercambiamos algunas palabras en japonés y luego me quedo dormida.

«¡Kioto!» Es ella quien me despierta, sonriente, golpeándome la rodilla. *Arigato gozaimasu, okami-san!»* ¡Muchas gracias, señora!

Kioto es una ciudad inmensa, con sus parques, sus palacios, sus pagodas; aunque tiene aproximadamente el mismo número de habitantes, ocupa una superficie mucho mayor que la de Milán, ciudad de la que partí para este viaje entre la memoria y la investigación, nacido de una afortunada colaboración.

El recuerdo de la anciana me transporta ahora a Kioto: la vuelvo a ver mientras me cuenta que la ciudad está construida en la llanura pero rodeada de montañas, como para aumentar su misterio.

Desigual, cambiante, extraña: ¡Kioto! Calles ruidosas, con una apabullante profusión de decoraciones votivas, postes de luz, peatones, bicicletas, letreros de colores, extravagantes estandartes que ondean al viento. Casi no se ven coches. A veces corremos en medio del estruendo y los gritos, otras caminamos en medio del silencio, de una quietud perfecta, entre los vestigios de un gran pasado. Nos vemos rodeados de puestos deslumbrantes, entre telas y porcelana; nos acercamos a los grandes templos, encontramos a los vendedores de ídolos y sus tiendas llenas de figuras increíbles. O nos adentramos, con sorpresa, en un bosque de bambúes, de troncos extraordinariamente altos, pero tan apretados y frágiles que parecen diminutos, como si formaran parte de un gran mar de hierba.

¡Y qué inmenso acervo religioso, qué gigantesco santuario de adoración es la Kioto de los antiguos emperadores! Tres mil templos, dedicados a todo tipo de divinidades o animales, en los que descansan riquezas de valor incalculable; palacios vacíos y silenciosos en los que, con los pies descalzos, cruzamos hileras de habitaciones lacadas en oro, decoradas de forma extraña, singular y exquisita. Bosques sagrados con árboles centenarios, cuyos caminos están flanqueados por una legión de monstruos de granito, mármol o bronce.

Es en Kioto donde me espera una persona especial, con la que compartiré gran parte de este viaje y que de hecho actuará como un verdadero guía: mi amigo Toshio, un amante y profundo conocedor de la cultura japonesa.

Mi acompañante me está esperando en la estación. Una vez fuera del tren, cuando bajo del tren, finalmente podemos volver a abrazarnos, después de mucho tiempo.

Ahora estamos preparados.

Preparados para salir juntos a descubrir esta maravillosa ciudad en la que en todas partes, en cada rincón y momento, tenemos la impresión de aprender una lección; de acercarnos, paso a paso, a la comprensión del pensamiento japonés; de convertirnos en mejores personas, más serenos, más empáticos y en armonía con el mundo.

Estamos listos para embarcarnos en este viaje a Kioto en el que a cada lugar, identificado por precisas coordenadas geográficas, corresponde un concepto fundacional de la cultura japonesa.

¿Un viaje real o imaginario? Lo dejo a vuestra elección.

1
侘寂

Wabi sabi:

El elogio de la imperfección

Wabi sabi significa belleza imperfecta,
efímera e incompleta. Es una cosmovisión
basada en la capacidad de aceptar
la fugacidad de las cosas y reconocer la
belleza incluso en la imperfección.

侘寂

WABI SABI

EL ELOGIO DE LA IMPERFECCIÓN

Daisen-in
35°2′38.57″N 135°44′47.46″E

Nuestros pasos nos llevan a Daisen-in, en el parque de Daitoku-ji, un gran complejo de templos en la parte norte de la ciudad y, sin duda, uno de los lugares idóneos para respirar la verdadera cultura zen.

Estamos en un *saniwa*, un jardín de arena dentro del patio del templo, y se abre ante nuestra vista un paisaje de rocas irregulares entre las que fluye un pequeño río de arena, un recordatorio de las montañas cercanas. Caminamos por una galería, que nos conduce a una piedra que representa un barco amarrado en medio del río. Atraídos, sentimos el impulso de acercarnos cada vez más. Al doblar la esquina, el río se ensancha y se ven dos montículos de arena. Aguzando la vista, podemos captar la ondulación de la superficie. Al llegar al final, la arena se vuelve plana: el mundo de *mu*, de la nada, el núcleo mismo del zen.

Cada *saniwa* está concebido para cumplir unas funciones específicas. El lujo extremo —es decir, la carencia de funcionalidad— está ausente. El zen es un asunto extremadamente serio. El *mu* es virtud, mientras que el *muyo* —lo inútil— es pecado. Los jardines zen están realizados sobre la base de un diseño preciso, para facilitar la meditación o señalar las etapas de un camino de iluminación. En definitiva, quien admira un jardín zen no lo hace gratuitamente: deberá pagar un precio espiritual por el placer que disfruta.

Esta perspectiva cobra aún más valor por su marcado contraste con el Japón contemporáneo, donde el olor predominante es el del dinero y todo es brillante, perfectamente aséptico. Sin embargo, la verdadera belleza no es solo un tatami nuevo o una madera blanca inmaculada; en el fondo del corazón de las personas, conceptos como pobreza, simplicidad e imperfección —relacionados con el término *wabi* (que significa «pobre» o «simple» y prescribe el uso de objetos simples y toscos y la falta de ostentación)— transmiten un sentido de relajación y comodidad.

Para Toshio y para mí, la visión de los jardines zen siempre nos remite al *wabi sabi*, esa actitud que nos lleva a descubrir —citando a Yasunari Kawabata, uno de los espíritus guía de nuestro paseo y uno de los autores favoritos de mi amigo— «la belleza en las imperfecciones».

Redescubrir la belleza que llevamos dentro

Es el propio Toshio quien me señala que la actitud interior que condiciona el estado de ánimo, las motivaciones y la percepción de la realidad y las relaciones es un aspecto profundamente enraizado en nuestra personalidad, que resulta de la estratificación de diversos elementos. En primer lugar, los sucesos que caracterizaron nuestro pasado y las personas que nos criaron, que no necesariamente reflejan nuestra verdadera naturaleza; a veces se trata de una forma de ver las cosas, una manera de hacer que hemos incorporado. Porque alguien nos lo enseñó, porque otros siempre lo han hecho así. Por esa razón, todos deberíamos aprender a trabajar sobre ello.

Probablemente no nos demos cuenta. Nunca nos detenemos a reflexionar sobre la forma en que vivimos el día a día, como si solo valiera la pena hacerlo al tratarse de cuestiones trascendentales. Pero lo cierto es que descubrir cómo funciona nuestra perspectiva sobre la existencia, aprender a interpretarla y modificarla, es esencial para nuestro bienestar interior. Porque nuestra serenidad y plenitud están en juego, lo está nuestra realización personal.

En el imaginario japonés existe una forma específica de encararlo, que nos enseña a corregir el rumbo para vivir la vida de una manera auténtica, a nuestra medida. Se trata, precisamente, del enfoque *wabi sabi*, desarrollado a lo largo de los siglos hasta convertirse en una verdadera filosofía de vida que nos conduce a redescubrir la serenidad, la inspiración y, sobre todo, la libertad con la que nacemos. Una libertad de la que lamentablemente nos hemos privado por imperativo de la sociedad o por impulsos y creencias personales.

Wabi sabi se basa en la idea de que nada es eterno y que todo está incompleto: solo debemos entrenarnos para darnos cuenta y aceptarlo. Cuando lo hayamos logrado —si lo logramos— tendremos el camino despejado para adaptarnos con más rapidez a los cambios que nos impone la vida, aprender a convivir con la imperfección y, finalmente, contemplarla como la mayor belleza del mundo.

Para adoptar esta filosofía es necesario, en primer lugar, trabajar en un aspecto determinado de nuestra personalidad con el que no estemos satisfechos, a fin de adquirir una nueva visión del mundo. Es necesario reflexionar sobre los conceptos de perfección, felicidad y éxito para finalmente darse cuenta de su naturaleza ilusoria.

Los expertos en este enfoque hablan de un momento en el camino de la autoconciencia en el que se concreta el estado de *yūgen*, que veremos en detalle más adelante. En el arte japonés, este término indica habilidades misteriosas que el lenguaje humano no es capaz de describir. No es casual que sea intraducible al español; solo la palabra «simbolismo» se le acerca. En la filosofía *wabi sabi*, *yūgen* indica una forma de conocimiento del universo tan intensa que inspira sentimientos inefables, que no se pueden expresar con palabras. Es una experiencia de máxima armonía entre el mundo en el que vivimos y nosotros mismos, lo que realmente somos en nuestro interior. En pocas palabras y más sencillas, el *yūgen* consiste en encontrar nuestro propio lugar en el mundo y sentirnos parte integrante del espacio en el que vivimos, tanto para reconocernos en él como para encontrar allí nuestra identidad.

Aunque pudiera resultar un concepto tan difícil de explicar como de entender, cada uno de nosotros debería tratar de aceptar la imperfección — incluso de atesorarla— no solo en cuanto a nuestra persona, sino también a lo que nos rodea: en el ámbito doméstico, el laboral o en relación a las personas que amamos.

En mi trabajo como organizadora profesional, cuando me encuentro por primera vez con mis clientes lo primero que les pregunto es qué les gustaría cambiar del espacio en el que viven: a la larga, el propósito de mi pregunta es ayudarlos a encontrar la solución óptima para que su hogar refleje su esencia, y luego guiarlos para encontrar su *yūgen*. En pocas palabras, los animo a buscar una identidad, una imagen, un espacio en el que puedan reconocerse.

Si queremos lograr este objetivo, es importante que nos tomemos un tiempo para nosotros mismos. Un momento de pausa que nos sirva para entendernos, para conocernos, y sobre todo para perdonarnos nuestras propias imperfecciones, tal y como señala la filosofía del *wabi sabi*. En el imaginario colectivo, encerrarnos en nosotros mismos se suele ver como algo embarazoso, algo de lo que deberíamos avergonzarnos, como si nuestra identidad interior y nuestro vínculo con el mundo se agotaran en la imagen que elegimos ofrecer a los demás. Por esa razón, un momento de «retiro espiritual» tiene el sabor de la reivindicación de la libertad y de la conquista de una identidad.

Si no nos sentimos a la altura de una situación determinada, no significa que debamos privarnos de la oportunidad de vivirla o apreciarla. Al contrario, debemos hacer un esfuerzo de interpretación para captar su belleza a pesar de todo. Recuperar nuestro *yūgen* es esencial para sentir que formamos plenamente parte de la situación que vivimos, para aprender a observar las cosas desde una perspectiva diferente. Si solo miramos los errores y los sucesos inesperados, corremos el riesgo de perder de vista el objetivo y, en consecuencia, la motivación. No nos lo podemos permitir: la vida es demasiado bella para no vivirla.

Pero atención: sentirse plenamente parte de la situación que se vive no significa que sea necesario tener el control sobre todo. Según el *wabi sabi*, la gran mayoría de las veces las cosas se controlan por sí mismas, mientras que otras siguen su ciclo de vida de forma natural. El pensamiento *wabi sabi* nos enseña a perdonar la ingenuidad y los errores que escapan a nuestro control. Por otra parte, el *wabi sabi* también se convierte en portador de un mensaje edificante, que nos abraza y nos da fuerzas para avanzar de manera positiva, aprendiendo a ver la belleza del mundo y a apreciarla, precisamente, como algo espontáneo e imperfecto.

Preparémonos, entonces, para soltar las riendas de nuestra vida. Dejemos de gastar energías en intentar prevenir lo inesperado. Dejémonos llevar, abandonemos la pretensión de planificar cada momento de nuestra existencia.

Ser parte de un todo

La libertad de vivir la vida tal y como viene también se aplica muy bien a mi viaje. De hecho, el enfoque *wabi sabi* puede ser útil para convertir a un turista en un auténtico viajero.

Diferentes deseos e intereses nos impulsan, a todos y cada uno de nosotros; todos buscamos nuevas experiencias y sensaciones. Mi secreto, incluso mientras trabajo en una sesión de organización, es tener en cuenta las emociones que los objetos individuales, grandes o pequeños, nos despiertan. Volviendo a la metáfora del viaje, el viajero real se lanza en busca de estas emociones. Elegir un destino basándonos solo en nuestros instintos, recorrer los caminos menos transitados, descubrir los itinerarios más escondidos e inexplorados; conocer de cerca la cultura local, las costumbres, usos y tradiciones de un pueblo. Todo esto nos lleva a descubrir la auténtica belleza, que no está señalada en ningún mapa.

Esto es, precisamente, lo que me sucedió en la tierra del Sol Naciente. Fue así, cerrando la guía de viaje y dejándome llevar por la búsqueda de emociones, como llegué al increíble complejo de Daito-ku-ji, que contiene veinticuatro templos, entre ellos los famosos Dai-sen-in, Koto-in, Ryogen-in y Zuiho-in. Son los únicos cuatro abiertos a los viajeros durante todo el año, porque se cuidan hasta el más mínimo detalle y se conservan perfectamente a lo largo de los siglos.

Aunque este evocador lugar se encuentra dentro de Kioto, parece estar en un rincón remoto y celestial del mundo. Aquí es posible respirar a pleno pulmón la antigua tradición japonesa, conocer de cerca la cultura y la arquitectura zen. En presencia de este increíble complejo y observando a quienes allí trabajan bajo el signo del respeto a la naturaleza, aprendí que aceptar que algo puede suceder fuera de nuestro control no significa resignarnos, ni abandonarnos a los vientos del destino como un barco a la deriva. Aceptar que pueda pasar algo que esté más allá de nuestro control nos animará a seguir adelante a pesar de lo que sucede a nuestro alrededor, tal y como lo hace la naturaleza. El pasado solo debe ser una fuente de aprendizaje, solo debe despertar recuerdos que podamos recibir con una sonrisa benévola. Aceptarlo también significa saber distinguir entre lo que deberíamos dejar atrás y lo que requiere nuestra intervención. Y, sobre todo, distinguir lo que nos es imposible modificar de aquello a lo que sí podemos contribuir.

Es un mecanismo difícil de interiorizar, porque crecimos con la convicción de que es posible ser superhéroes, tener éxito en todo y ser los dueños absolutos del espacio y del tiempo. Para poder asimilar este método, es imprescindible darnos un gran baño de humildad y redimensionar nuestro ego. Debemos aprender a canalizar positivamente la energía, soportar la incertidumbre y entrenarnos en la paciencia.

Solo dejando atrás la credulidad y los errores a los que nos hemos referido, incluida la preocupación por todas aquellas cosas que no podemos controlar, podemos llegar al núcleo de la antigua cuestión de la relación del hombre con la naturaleza. Poder sentirnos profundamente parte del entorno y de sus habitantes, sentir que somos uno, nos permite recuperar un vínculo que tiene sus raíces en tiempos inmemoriales:

este es el significado de nuestra búsqueda, y del enfoque *wabi sabi* llevado a la práctica en su plenitud.

La filosofía del *wabi sabi* nos recuerda que somos parte de un todo que funciona perfectamente y nos invita a disfrutar del presente.

No podemos perder la capacidad de ver, de maravillarnos ante las pequeñas cosas. No podemos considerar normal lo que en verdad es extraordinario. No podemos empobrecer nuestra vida con cosas que sean fútiles.

Es necesario que nos eduquemos en la contemplación de la belleza, que aprendamos a desarrollar una cierta sensibilidad estética. La belleza es una, y es múltiple, dinámica y cambiante. Se la encuentra tanto en las cosas grandes como en las pequeñas, tanto en las obvias como en las escondidas. Necesitamos practicar el descubrimiento, entrenar la atención.

Además, para poder abordar de manera completa y adecuada lo que tenemos a nuestro alrededor, debemos entrenarnos en la sensibilidad. La sensibilidad a menudo se relaciona con la debilidad, la fragilidad. Sin embargo, puede definirse correctamente como la «facultad de sentir, propia de los seres animados»[1], o también como la «capacidad de experimentar sensaciones a través de los sentidos», como la emoción que sentimos cuando miramos una película, o el dolor que sentimos cuando olemos el perfume de un ser querido que ha muerto recientemente.

Al educarnos en la sensibilidad, cuidémonos del «efecto halo», que consiste en interpretar todo a la luz de nuestro particular estado de ánimo. Como cuando nos despertamos de buen humor y todo nos parece bonito o, por el contrario, cuando nos levantamos tristes y tendemos a verlo todo gris. Debemos aprender a interpretar los mensajes de la naturaleza para disfrutarlos de forma objetiva, abriendo un canal de comunicación que no se deje influir por nuestro estado de ánimo.

---

1. Definición del Diccionario de la Real Academia Española.

La otra mitad del *wabi sabi*

En este punto, llevamos recorrida la mitad del camino: hemos interiorizado el enfoque *wabi sabi* en un cincuenta por ciento. Ahora, tras haber aprendido a aceptar la imperfección para lograr el equilibrio interior y el bienestar psicofísico, nos toca atesorarla.

¿Cómo se logra atesorar la imperfección? Aprendiendo a apreciar su valor e implementando la estrategia del perdón.

Cuando inicié mi carrera como organizadora profesional, ya había adquirido cierta experiencia en el campo de la moda, del que aprendí mucho sobre la belleza. A través de los años he visto a modelos guapísimas turnarse en las pasarelas y en los estudios fotográficos, y cada una de ellas era indiscutible y objetivamente hermosa. En el mundo de la moda, sin embargo, la estética es objeto de la máxima presión y la belleza se interpreta de una manera convencional, siguiendo los estándares estéticos tradicionales. La belleza, desde esa óptica, es objetiva y universal.

En la vida real, sin embargo, todo cambia; la búsqueda de la belleza apunta a aquello que, bajo el influjo de los cánones de la sociedad, aún nos obstinamos en llamar «imperfecciones». La belleza se descubre en su expresión más inusual: a través de formas sin precedentes, nuevas, poco convencionales o incluso pioneras. Por fortuna, en los últimos tiempos el mundo de la moda se está abriendo a esta nueva forma de entender la belleza. Así, características como el diastema —un espacio entre los dos dientes incisivos— o las cejas gruesas se han convertido en un rasgo distintivo. En otras palabras: si antes estos detalles se consideraban defectos que podían truncar la carrera de una modelo, ahora se potencian hasta convertirlos en un activo estilístico.

Pero volvamos a la vida real. Desaceleremos. Decíamos que después de haber aprendido a aceptar la imperfección, es necesario aprender a apreciarla y valorarla. Bajemos el ritmo, suprimamos tanto como sea posible las preocupaciones por el futuro, que desvían nuestra atención hacia un momento que aún no ha ocurrido. Busquemos la calma, la paz y la tranquilidad, incluso en las situaciones en las que la vida pierde su equilibrio.

Dejemos de oponernos al cambio, dentro y fuera de nosotros, porque no es más que una pérdida de tiempo. Las cosas de *afuera* cambiarán de todos modos, y lo mismo pasará con las cosas de *adentro*, lo queramos o no. Este es el punto de partida cuando decidimos poner orden en el espacio en el que vivimos (y por tanto en nuestra vida).

Cuando llega el momento, es fácil reconocerlo. Lo sientes. Saber que ha llegado y saber adaptarnos es esencial. Así como arreglamos nuestras alacenas, ordenamos nuestros armarios, limpiamos nuestros estantes y decidimos de qué deshacernos y qué guardar, también deberemos aceptar nuestras necesidades o modificarlas cuando nos parezca apropiado, cambiando la naturaleza de nuestros desafíos.

De hecho, *wabi sabi* no es solo tranquilidad, sino un equilibrio entre la tranquilidad y los desafíos. Una serena alternancia entre ambición y realización, porque el exceso —en uno u otro sentido— nos hace perder la serenidad. Es un punto de encuentro entre la ansiedad y la pasividad, en el que la ansiedad debe entenderse como el estado de excitación que activa los desafíos y que coincide con la movilización de los recursos necesarios para obtener lo que queremos.

Un punto de encuentro en el que, sin embargo, se nos exigirá humildad y modestia. La humildad nos permite crecer y comprometernos sin importar quiénes seamos, y nos impide ser víctimas de la manipulación por parte de personas negativas. La modestia, por otro lado, nos permite controlar las aspiraciones y mantenerlas alejadas de la esfera de lo imposible. Dejemos de lado nuestra sensación de inseguridad y nuestra incapacidad de aceptar la imperfección y la anormalidad; seamos promotores del cambio dentro y fuera de nosotros, tanto en nuestro hogar como en nuestro mundo interior.

«Yoroshiku onegaishimasu»: encantado de conocerme

Uno de nuestros desafíos cotidianos es lidiar con situaciones negativas. A menudo no sabemos afrontar los pequeños problemas de la vida.

Mientras los dejamos pendientes y los posponemos, los problemas crecen y en un momento dado se vuelven imposibles de resolver, al igual que ocurre en casa cuando el caos se acumula y, en el peor de los casos, acaba por superarnos. Ese es el punto: los verdaderos obstáculos no son de envergadura, sino una suma de pequeños problemas que pensamos que no podríamos solucionar, de pequeñas frustraciones y decepciones sin resolver. Pueden darse tanto en el espacio reducido de un armario o una cocina como en una área determinada de nuestras vidas.

La clave es aprender a lidiar con los contratiempos de uno en uno. No dejemos que el tiempo que tardamos en abordarlos les permita crecer. Si los enfrentamos con decisión, pronto no serán más que una molestia.

También debemos aprender a manejar la frustración que nos causa el temor de no lograr nuestro propósito. El miedo al fracaso es un sentimiento natural y debe ser interpretado de manera correcta, porque es un estímulo para comprometernos una y otra vez, para afinar los sentidos y centrarnos en lo que debemos llevar a cabo. El fracaso no siempre se puede evitar, pero más que del fracaso debemos hablar de objetivos no cumplidos: a partir de una meta que no hemos alcanzado, podemos volver a intentarlo las veces que sea necesario, incluso por caminos diferentes.

Alejémonos del pesimismo y practiquemos la tenacidad. Considerémonos lo suficientemente competentes —si fallamos, esforcémonos para superarnos— ; otorguemos un sentido positivo a lo que sucede y perseveremos de manera inteligente: con paciencia, sin resignarnos, y con tolerancia, conscientes de que todo resultado requiere un proceso que es, hasta cierto punto, imperfecto.

Luz. Silencio. Calma interior.

Finalmente, nos hemos puesto en contacto con nuestro yo auténtico. Lo tenemos frente a nosotros, lo miramos como lo haríamos con una persona que no conocemos, pero por la que sentimos un interés instintivo. Somos el amigo que elegiríamos sin dudar.

La relación que establecemos con nosotros mismos determina aspectos fundamentales de nuestra vida: la autoestima, lo que pensamos que somos, la forma en que nos vemos. Si no tenemos cuidado, corremos el riesgo de construir esta relación sobre una base inestable, mal estructurada, formada por juicios ajenos, que no necesariamente provienen de personas cercanas. Debemos ser capaces de reconocer a esos individuos como personas que ignoran nuestro mundo interior y que, por lo tanto, solo pueden pronunciarse de forma parcial. Si no lo tenemos presente, tomaremos las opiniones de los demás sobre nosotros como si fueran informes médicos, lo que hará que nuestros problemas aumenten.

Debemos darnos cuenta de que al aceptar estos juicios ajenos nos exigimos cosas que no exigiríamos a otros. Arrastramos complejos, miedos y cadenas, tenemos una opinión muy pobre de nosotros mismos.

Así no se puede seguir.

Perdonémonos las anomalías y los tropiezos, como cuando compramos una prenda demasiado extravagante o unos zapatos que nunca nos pondremos. No pretendamos encajar: intentemos comprendernos, con nuestras imperfecciones, y respetarnos. Apreciemos la anomalía, tratémosla como algo normal.

Cada vez que nos hemos derrumbado, nos hemos recuperado gracias a un impulso innato, y el resultado —lo que somos hoy, en el momento presente— es que poseemos una fortaleza mayor. La individualidad es la clave de la belleza interior y exterior: las cosas auténticas son bellas, lo auténtico es lo que nos atrae. Es la diferencia la que brilla con luz propia.

Démosle la bienvenida y abracemos también la última máxima del enfoque *wabi sabi*. Hagamos propia esta fórmula específica.

Mirémonos en el espejo y tendámonos la mano.

Yoroshiku onegaishimasu.

«Encantado de conocerme».

2

Kaizen:

Cómo abrazar el cambio imitando y mejorando

Kaizen: Cómo abrazar el cambio imitando y mejorando. Kaizen combina el concepto de «cambio» (kai) y el de «mejora» (zen), y esencialmente indica una evolución positiva lenta, constante y gradual, que no establece metas distantes y fuera de alcance, sino que se concentra en los pequeños pasos que se deben realizar cada día para acercarse a la meta.

改善

KAIZEN

CÓMO ABRAZAR EL CAMBIO IMITANDO Y MEJORANDO

Panadería Shinshindo
35°00′21.7″N 135°45′39.7″E

Si me preguntas dónde he comido el mejor pan de mi vida, mi respuesta inmediata será: «¡En Kioto!», y tu asombro será el mismo que sentí cuando entré en una *boulangerie* japonesa.

La precursora de todas las panaderías de Kioto, Shinshindo, fue fundada en 1913 por el señor Hitoshi Tsuzuki, que había ido a París a estudiar el arte de hornear, un camino que muchos jóvenes japoneses tomaron desde finales del siglo XIX hasta principios del siguiente. De hecho, la antigua capital de Japón es hoy una meca para los amantes de los productos con levadura, que podrán elegir entre las muchas panaderías de matriz francesa, escandinava o italiana.

En definitiva, en la tierra nipona hacer pan constituye un verdadero arte, cada vez más refinado, en el que se emplean materias primas de la más alta calidad y técnicas aprendidas en Europa. En las *bakery* de Kioto no debemos sorprendernos al encontrar tiernos panes de molde, baguettes francesas tradicionales, panes redondos con una corteza crujiente y fragante, deliciosos rollos de mantequilla o leche, e incluso los típicos pretzels de forma perfecta, con su apetitoso y brillante exterior entre marrón y dorado, y su sabor inconfundible.

Es mi amigo Toshio quien me refiere todos estos detalles históricos que pocos conocen. Como ya he dicho, es un verdadero experto en cultura, historia y tradiciones japonesas. Si le formulamos cualquier pregunta sobre Japón sabrá responderla, la mayoría de las veces dejándonos entre asombrados e incrédulos.

Es Toshio quien me dice que las panaderías de Kioto han sabido abrazar el concepto del *kaizen*, que según la filosofía japonesa pasa por aprender a través de la práctica y la selección de modelos a imitar. En pocas palabras: estudiar, imitar, mejorar.

La estrategia de mejora continua

La filosofía del *kaizen* puede ser útil a todos los que sienten la necesidad de cambiar de vida y creen que el único cambio posible debe ser radical e inmediato, algo que a menudo lleva a desanimarse de entrada y a sentirse impotente. ¿Cuántas veces, armados de lápiz y papel, nos trazamos hojas de ruta que luego no respetamos?

La necesidad de cambiarnos a nosotros mismos está muy extendida en el mundo en el que vivimos, pero pocos lo consiguen. Basta pensar en aquellos que quieren dejar de fumar, que quieren hacer más deporte y alimentarse de forma más saludable o que desean reorganizar de una vez por todas el espacio en el que viven. Estas, junto con el deseo de riqueza y de autoafirmación, son algunas de las necesidades más frecuentes en nuestra sociedad. Entonces, ¿por qué es tan difícil satisfacerlas? Porque el cambio nos atemoriza, nos parece fuera de nuestro alcance. La nueva versión de nosotros mismos parece algo demasiado lejano e imposible de lograr. El mundo en el que vivimos nos impulsa a necesitar cosas inmediatas: los resultados deben verse enseguida, deben llegarnos con tanta rapidez como los paquetes de nuestros pedidos *online* o la comida rápida.

Ocurre algo similar cuando me enfrento con una sesión de reordenamiento de un espacio para un cliente que tiene algo de prisa, al que no me canso de repetirle que es necesario tomarse el tiempo para buscar la solución más adecuada, la que mejor se adapta a sus exigencias. De hecho, el objetivo de mi servicio como organizadora profesional es lograr la practicidad, hacer la vida más fácil a mis clientes.

En Japón, cada vez más personas están descubriendo una nueva forma de mejorar su existencia y modificar su estilo de vida bajo el signo del *kaizen*, siguiendo su ritmo natural; han comprendido que solo aceptando el cambio como algo gradual y necesario es posible crecer y ser más productivos.

Toshio me explica que este método tiene sus raíces en la cultura sintoísta, que cree que la energía proviene de abajo, que fluye desde las raíces hacia arriba. El impulso que nos lleva a mejorarnos debe surgir de nuestro interior: es empezando por las pequeñas cosas como se consiguen las grandes metas.

En efecto, el *kaizen* propone una estrategia de mejora continua, que debe llevarse adelante a diario. Este principio se basa en la capacidad de canalizar nuestras energías para aumentar la productividad; aplicar el *kaizen* presupone acoger y aceptar lo ya hecho como punto de partida, y está vinculado al modelo de negocio japonés, que apunta a la calidad mientras establece objetivos a corto y largo plazo.

En realidad, este principio tiene aparentemente raíces occidentales: al parecer fue introducido por Estados Unidos en Japón tras la Segunda Guerra Mundial, con el fin de relanzar las empresas japonesas. Por su afinidad con el estilo de vida oriental, la filosofía empresarial de mejora continua tuvo rápida aceptación, y se la denominó *kaizen*. El *kaizen*, dice Toshio, está en la base del crecimiento de las grandes empresas en este país, incluida Toyota (tanto es así que el método también se hizo conocido como «método Toyota»).

Precisamente porque según la creencia sintoísta «la energía viene de abajo», este enfoque proporciona una gratificación continua a los trabajadores, y los hace sentirse partícipes de las actividades de producción. No es casualidad que se les pida que propongan, de forma constante, sugerencias para mejorar la empresa y hacer el entorno más agradable. Esto no solo ayuda a aumentar la motivación y la participación de los empleados, sino que establece un diálogo directo entre la alta dirección y los trabajadores, lo que conduce a un aumento efectivo de la calidad.

Sin embargo, esta filosofía no se limita al ámbito empresarial; al contrario, la cultura japonesa la ha asimilado a la perfección y ahora prevé su aplicación en todos los aspectos de la vida.

Una nueva rutina

El término *kaizen* significa literalmente «mejora», y resulta fácil de asimilar incluso para nosotros, los occidentales. ¿Quién no ha sentido alguna vez la necesidad de hacer un cambio? La mejora es un objetivo común para muchos, en especial para aquellos que intentan reordenar su espacio —y por tanto su vida— y necesitan una especie de «espíritu guía» que les ayude a llevar a cabo el proceso.

La filosofía del *kaizen* está al alcance de todos y se puede aplicar fácilmente para construir la propia evolución personal.

Uno de los beneficios más conocidos de este método es la reducción inmediata del estrés. La idea de afrontar la vida paso a paso, aceptando las derrotas como punto de partida para la autoconstrucción, parece ser particularmente reconfortante para quienes se sienten abrumados por la inexorabilidad de las situaciones que presenta la vida. El *kaizen* puede ser un buen enfoque no solo para aquellos que están estresados, sino también para quienes quieren evitar los pensamientos negativos provocados por el estrés, que ralentizan o sofocan por completo el impulso de crecer. El estrés es, a menudo, el producto de un error común: el de establecer metas que están demasiado lejos de nuestras capacidades. Para muchos, la única forma de mejorar es forzar el cambio, imponérselo a sí mismos como un desafío.

La idea clave del *kaizen*, por el contrario, consiste en aceptar cambios tan pequeños en nuestra vida que son prácticamente imperceptibles. Cada uno de estos cambios mínimos no debe requerir esfuerzo; cada paso en la dirección de una nueva versión de nosotros mismos, mejor y más brillante, debe ser percibido como natural y necesario. El *kaizen* anima a considerar la vida como un viaje continuo por etapas: la búsqueda de uno mismo nunca termina. No es un viaje con un destino final, sino un viaje infinito. La mejora debe de ser constante, el empeño eterno: cuanto más distancia nos propongamos recorrer, más podremos lograr. Esto no significa esforzarnos por cumplir objetivos imposibles, porque ninguna meta está demasiado lejos si sabes cuánto tiempo lleva alcanzarla. Cada cambio debe estar en armonía con nuestra propia naturaleza y encajar perfectamente en nuestra rutina, como si fuera la pieza faltante de un rompecabezas.

La pregunta que debemos hacernos es la siguiente: ¿cuánto puedo cambiar hoy de mis hábitos, sin desequilibrarlos? Es fundamental responder a esta pregunta con total honestidad, porque nos puede ayudar a comprender no solo nuestro potencial, sino también nuestros límites; nos quedará claro, de inmediato, cuál es el máximo cambio posible que podemos realizar cada día. Uno de los efectos secundarios del *kaizen* es, de hecho, una mayor conciencia de nosotros mismos, algo que afectará a todos los aspectos de nuestra vida.

Optar por superarse es como escalar una montaña: podemos decidir si hacerlo con prisa o, en cambio, emprender el camino con más tranquilidad. Por supuesto, es posible que lleguemos a la meta más rápido si corremos, pero nos quedaremos sin energías. Por el contrario, el enfoque *kaizen* propone avanzar con calma, con lentitud, colocando un pie delante del otro mientras prestamos atención al esfuerzo que pueden realizar nuestros músculos y a la aceleración de los latidos de nuestro corazón, monitorizando constantemente nuestra respiración. Avanzando paso a paso podremos llegar a la cima, sin siquiera darnos cuenta de lo empinada que fue la subida. Además, durante el viaje hacia la cumbre podremos admirar paisajes impresionantes, atesorar nuestras propias experiencias, conectarnos con la naturaleza, respirar el aire fresco de la montaña.

El tiempo que requiere este proceso abarca casi toda nuestra existencia, desde que somos conscientes de ella hasta el final de nuestros días, porque la necesidad de mejorar nunca debería decaer. Lo que nos sorprenderá, si aplicamos este principio de manera consistente, será notar lo lejos que hemos logrado llegar simplemente cambiando nuestros hábitos paso a paso, como le ocurre a alguien que ha llegado a la cima de una montaña avanzando despacio y, al mirar hacia atrás advierte, incrédulo, los kilómetros que ha recorrido.

Sin duda, cambiar nuestros hábitos o modificar la disposición de los objetos de nuestro hogar puede parecer una tarea ardua, pero en realidad los humanos estamos programados para adaptarnos sin cesar a las nuevas condiciones de vida. Además, lo que nos propone el *kaizen* no es una alteración drástica, sino pequeños y constantes cambios diarios, que funcionan como una gota que, insistiendo siempre en el mismo punto a lo largo de los milenios, es capaz de alisar o romper una piedra. Por otro lado, la propia naturaleza siempre nos ha mostrado cómo un movimiento en apariencia banal puede conducir, decenas de miles de años más tarde, a algo extraordinario. Se necesitan miles de años para formar estalactitas, pero al contemplarlas es difícil creer que nacieron de una pequeña gota de agua que por sí sola parecía insignificante. Esa pequeña gota es el nuevo hábito al que damos la bienvenida hoy, y el nuevo que inventaremos mañana.

Es fundamental entender cómo integrar esta filosofía en la rutina diaria. Lo primero que hay que cambiar es la disposición mental: abrirse al cambio es primordial. Pero, sobre todo, debemos olvidar la rapidez y la inmediatez a la que estamos acostumbrados, y no desanimarnos si no vemos resultados inmediatos: el *kaizen* no presupone un cambio rápido y radical. Cualquier mejora florecerá en nosotros con el tiempo, si tenemos constancia y somos pacientes. Tal vez parezcan poca cosa, pero los pequeños cambios que obtendremos serán duraderos, porque los habremos asimilado con el mínimo esfuerzo.

De hecho, para introducir el *kaizen* en nuestras vidas es necesario establecer metas que estén en plena armonía con nosotros, con nuestro cuerpo y nuestra alma. Solo así el camino estará sembrado de resultados agradables y satisfactorios y conducirá a una mejora concreta. Por eso es importante no compararnos nunca con los demás, y no solo porque la envidia es una fuente de estrés, que a su vez es un enemigo del *kaizen*: la comparación no tiene cabida porque cada persona tiene un ritmo diferente, dictado por su propia espiritualidad y energía. Lo que para nosotros puede ser un resultado impresionante, podría ser solo un punto de partida para otra persona, y viceversa. Centrarnos en nosotros mismos, en nuestras propias habilidades y limitaciones, sin ser influenciado por los demás, debería ser nuestro objetivo principal.

Lo que hemos visto hasta ahora puede parecer obvio, pero es esencial mantener alta la motivación, incluso cuando estamos a punto de darnos por vencidos. La motivación que nos impulsa a adoptar el método *kaizen* debe quedarnos clara, porque deberemos repetírnosla como un mantra y no perderla nunca de vista.

Establecer el camino del *kaizen* punto por punto es imposible, porque cada camino es diferente y personal. Sin embargo, se pueden trazar pautas generales que nos ayuden a interrogarnos sobre nuestra existencia y descubrir cómo proceder. En primer lugar, deberíamos analizar qué aspectos de nuestra vida nos satisfacen y cuáles necesitan un cambio. Repasar cada capítulo de nuestra historia podría resultar ingrato; sin embargo, podemos centrarnos en un solo aspecto, por ejemplo lo que consideramos más importante. Es fundamental que nos centremos en lo que realmente podemos cambiar: ciertas situaciones no dependen de nosotros y debemos aprender a dejarlas ir, mientras que otras sí están en nuestras manos y podemos decidir qué hacer con ellas, poniendo por escrito nuestros objetivos.

Este proceso nos ayudará a formularnos algunas preguntas, tales como: ¿Somos felices o no? ¿Hay algo que siempre hemos querido hacer, pero nunca hemos tenido el valor? ¿Qué objetivos hemos logrado hasta ahora? Además de identificar en qué aspectos trabajar, es importante que tengamos claro por qué queremos mejorar en ese campo. ¿Qué nos impulsa a actuar? ¿Por qué lo hacemos? El motivo que nos lleve a emprender el camino del *kaizen* debe ser lo más definido y específico posible, porque solo así podremos mantener constante nuestro compromiso y llevarlo adelante durante el tiempo que sea preciso.

Al hacernos todas estas preguntas, nuestras metas a largo plazo deberían quedar inmediatamente claras, incluso aquellas que hoy parecen tan lejanas como imposibles. Es probable que nos lleve algún tiempo averiguar en qué dirección movernos, pero si nos tomamos unos días para pensarlo, sin duda lo lograremos.

La mejora no tiene por qué ser algo grande o extremo; puede ser simplemente perder peso o comer más sano, o algo que creemos que nos hará sentir bien: aprender a tocar un instrumento, enamorarnos, estudiar un nuevo idioma, ahorrar dinero. De hecho, los aspectos de nuestra vida que nos parecen más insignificantes son a menudo los que tienen un impacto mayor sobre las cosas realmente importantes. Debemos comprender qué priorizar, de modo que, cuando nos deshagamos de ese pequeño problema, podamos ver cómo se abren nuevos caminos frente a nosotros. Por eso es importante no solo establecer una jerarquía y decidir exactamente en qué concentrarnos, sino también continuar exponiéndonos a nuevos estímulos y desafíos, planteándonos actividades que podrían ser interesantes y que podrían traer beneficios a nuestra vida, convirtiéndose al mismo tiempo en terreno fértil para nuevos objetivos.

Una vez completada esta reflexión, visualicemos nuestro camino hacia la meta, intentando imaginar que viajamos hacia atrás. Si, por ejemplo, nuestro objetivo es reorganizar nuestro hogar, imaginemos que partimos de un rincón de una habitación; aunque solo sea una pequeña parte de ella, tras un par de horas nos sentiremos aliviados al comprobar los resultados de nuestro trabajo. Rincón por rincón, organizar toda la habitación será un juego de niños y nos infundirá la motivación necesaria para organizar no solo la casa, sino también otros espacios que suelen estar desordenados, como garajes, desvanes, sótanos o trasteros. El objetivo es, paradójicamente, reducir al máximo nuestros objetivos, convirtiéndolos en muchas pequeñas metas que no nos asustan. Trabajar habitación por habitación significa ocuparnos solo de una esquina cada vez, para luego darnos cuenta de que, poco a poco, hemos ordenado toda la casa. En cambio, pensar en ordenar directamente todo el espacio que nos rodea podría llevarnos al fracaso, porque el esfuerzo sería considerable y nuestro humor se resentiría. No solo eso, sino que podría acometernos la desagradable sensación de no haber logrado nuestro objetivo, de no ser realmente capaces de cambiar y volvernos mejores.

Ordenar una habitación a la vez puede parecer un objetivo ridículo, pero el *kaizen* se basa en estos microobjetivos, y gracias a ellos funciona. En efecto, si nuestro objetivo no es nada especial, será fácil alcanzarlo y llevarnos a casa una pequeña victoria. Así, mes a mes, la motivación irá en aumento: son pequeños pasos, sí, pero habremos podido darlos todos sin pestañear, precisamente porque teníamos poco camino por recorrer.

Además de la motivación, lo que puede crecer y revolucionarnos la vida es la confianza en nosotros mismos, la fuerza impulsora que hay detrás de cada una de nuestras acciones. Es normal que, a pesar de todo, vivamos momentos de desaliento. La naturaleza misma del *kaizen*, tan inusual para nosotros, presupone una lentitud que con frecuencia puede desmotivarnos, como si no estuviéramos a la altura. Por esa razón, puede ser útil anotar nuestros resultados, hacer fotos de los espacios que más nos orgullezcan o de la habitación que nos parece mejor reorganizada. Visualizar el propio camino es importante, y puede ayudarnos a tener siempre delante una prueba tangible del cambio; cuando nos sintamos inclinados a pensar que no hemos concluido nada, nos servirá de recordatorio de que no es así.

El camino hacia la autoconciencia

Celebrar nuestros propios éxitos es fundamental. Por ese motivo, deberíamos prever un premio, un autorregalo por cada pequeña meta alcanzada. Recompensarnos es una forma eficaz de aumentar nuestra productividad y acelerar el proceso de cambio. La recompensa debe ser proporcional al objetivo logrado, y no es preciso que sea algo costoso o complicado. Por ejemplo, podríamos regalarnos una tarde libre para disfrutar en soledad, esa velada con amigos que llevamos tiempo planeando, o un libro cuya lectura habíamos pospuesto porque nunca encontrábamos el momento adecuado. La gratificación ayuda a aumentar no solo la productividad, sino también el amor propio.

El *kaizen* también consiste en la capacidad de prever obstáculos y eventuales períodos de desaceleración. Como hemos visto, el camino debe de ser encarado de forma paulatina, pero sobre todo racional. Tener presente aquello que podría frenarnos o bloquear el camino hacia nuestra propia realización no significa rendirnos, sino atenernos al método *kaizen*, que nos pide que nos fijemos solo metas alcanzables y en línea con lo que realmente somos capaces de hacer.

Volviendo al ejemplo de nuestro hogar, la decisión de ordenar la casa por completo es algo demasiado exigente. La idea nos asusta porque el objetivo parece lejano e imposible de conseguir. A menudo, los clientes que se ponen en contacto conmigo están muy ansiosos ante la tarea de reorganizar toda su casa, y no saben por dónde empezar. El secreto, que puede parecer banal pero es muy efectivo, consiste simplemente en encontrar la motivación para empezar por algún lado. De esta forma, casi sin darnos cuenta, poco a poco iremos poniendo todo en orden.

No nos dejemos abrumar por el temor de no lograr reconocernos en nuestro espacio; a menudo, ante un entorno que ya no sentimos como propio, nos encontramos confusos y desorientados, como si hubiéramos perdido el norte. Tengamos presente, además, que el hecho de que las personas que nos rodean se vean afectadas por ese problema no significa que estemos equivocados o que seamos débiles. Lo que ocurre, simplemente, es que necesitamos tiempo para encontrarnos a nosotros mismos dentro del espacio que habitamos. Las desviaciones, pausas, obstáculos y errores en el camino forman parte de la naturaleza humana, y no podemos pretender que el *kaizen* los haga desaparecer mágicamente de nuestra vida. El *kaizen* no es un método milagroso que conduce a la felicidad instantánea: es un viaje que implica altibajos, pero que nunca deja de llevarnos, paso a paso, hacia delante.

Si bien compararse con los demás y sus objetivos puede ser perjudicial, involucrar a las personas que amamos y que tenemos cerca puede ser de gran ayuda, porque pueden animarnos a hacerlo cada vez mejor y a lograr la mejor versión de nosotros mismos, y siempre estarán dispuestos a apoyar nuestras batallas y celebrar nuestros éxitos. Compartir nuestro camino no solo puede ayudarnos a lograr mejores resultados, sino que además puede atraer a otros hacia el *kaizen*, una filosofía que puede parecer demasiado laboriosa y exigente.

El cambio puede atemorizar, por supuesto; es algo completamente normal. El miedo suele ser visto como un sentimiento negativo, pero en realidad nos alerta sobre los peligros que podríamos encontrar y nos anima a ser cautelosos. Una cierta dosis de miedo puede ayudarnos a mantener el equilibrio y a evitar excesos. Sin embargo, el miedo también puede frenar el instinto y evitar que nuestra naturaleza florezca. Si ese fuera el caso, deberíamos esforzarnos por superarlo, redimensionarlo y meterlo en un cajón para recuperarlo cuando lo necesitemos, pero en su justa medida.

El miedo al cambio puede ayudarnos a no tomar decisiones alocadas, como optar por deshacernos de todas nuestras pertenencias y tirarlas a la basura. La idea es aprender a seleccionar, a desprendernos de los objetos que ya no son necesarios y que podrían acumularse, y dedicarnos a lo fundamental, que es encontrar el mejor lugar para las cosas que sí queremos conservar.

Tengamos miedo a cambiar, pero solo el necesario. Dediqué-monos, a pesar del miedo, a experimentar y a crear, dejando que nuestro espíritu nos recuerde la persona que deseamos llegar a ser y tratando de construirnos a nosotros mismos, empezando de cero. El *kaizen* no solo puede ayudarnos a ser mejores, sino que también puede llevarnos a descubrir algo sobre nosotros que no sabíamos o que nunca hubiéramos creído posible. O sí, lo imaginábamos, pero no nos creíamos capaces de hacerlo.

Al final, paso a paso, gota a gota, lo lograremos.

3

花吹雪

Hanafubuki:

A través de la tormenta
(de flores de cerezo)

Hanafubuki: A través de la tormenta (de flores de cerezo). Hanafubuki (literalmente «nevada de flores de cerezo») es el momento mágico en el que las sakura comienzan a caer, creando una delicada tormenta de pétalos. Este concepto de belleza efímera es una metáfora de la vida humana, rica y bella, pero también frágil y fugaz.

花吹雪

HANAFUBUKI

A través de la tormenta (de flores de cerezo)

Kiyomizu-Dera
34°59′41.4″N 135°47′06.01″E

El ser humano es, por definición, una criatura movida por impulsos, pasiones e ideales, fuentes de inspiración y fuerza. Un ser que interactúa con sus semejantes, que observa el mundo en el que vive y se emociona ante lo que ve, que admira la naturaleza, que establece lazos, desarrolla atracciones y ama genuinamente.

En la vida, son muchas las situaciones que nos pueden generar emociones. Con la llegada de la primavera, por ejemplo, cuando los días se alargan y el sol asoma entre las ramas en flor, es más fácil encontrar el entusiasmo necesario para dedicarnos a actividades que quizás hemos dejado de lado durante el invierno. Es también el momento ideal para renovar nuestro espacio. A menudo, el entusiasmo por el regreso del buen tiempo nos empuja a dedicarnos a poner orden en la casa. Pensemos en las famosas «limpiezas de primavera». No es casual que se llamen así: la llegada de los días más cálidos y luminosos nos motiva a ordenar, a renovar nuestro ambiente.

El entusiasmo por la llegada de la primavera también nos lleva al exterior, al aire libre, y en Japón pocos eventos tienen la capacidad de dejar en el alma humana una huella tan profunda como la tradicional —y primaveral— costumbre del *hanami*, la fiesta en la que nos convertimos en testigos del encanto intenso y fugaz del florecimiento de las *sakura*, los capullos de cerezo. Es un evento esperado y venerado en todo el mundo; tanto es así, que estos árboles se han convertido en destinos de peregrinaje. Los telediarios japoneses siguen de cerca las diferentes fases del *hanami*. El encuentro con familiares y amigos a la sombra de los cerezos forma parte de esta tradición japonesa.

Cada vez que regreso de visita a la tierra del Sol Naciente intento no perderme este espectáculo, y esta vez lo he logrado. Kiyomizu-Dera, uno de los templos más famosos de Japón —declarado Patrimonio de la Humanidad por la Unesco en 1994— es un marco encantador para contemplarlo. Porque el *hanami* no es solo una fiesta, sino una oportunidad única para admirar y disfrutar de la belleza de los capullos en flor; en definitiva, casi un ritual en el que participan cada año japoneses y no japoneses.

En esta cultura, la primavera es una estación auspiciosa y esperada con anhelo por los ciudadanos.

Desde hace siglos, el cerezo ha sido venerado como símbolo de renacimiento, dando origen a un ritual que se pierde en las brumas del tiempo. Se estima que fue alrededor del año 710 cuando el *hanami* se convirtió en uno de los símbolos de la cultura japonesa, extendiéndose a partir de entonces hasta alcanzar su actual popularidad.

En las religiones populares japonesas, la ceremonia representaba originalmente a los dioses de la montaña, quienes con el correr del tiempo se transmutaron en dioses de los arrozales, una referencia a la agricultura. Durante este período, los japoneses adquirieron el hábito de acudir a las sierras cada primavera para rendir culto a los árboles. Fascinados ante tanta armonía, decidieron trasplantar los árboles a zonas residenciales, creando las magníficas extensiones de cerezos que se pueden ver hoy en día.

Desde entonces, los cerezos siempre han marcado el inicio de la primavera como un momento de renovación y optimismo. La temporada de floración se volvió tan importante que se eligió como punto de referencia para el inicio del año lunisolar japonés. También se cree que las flores de cerezo aportan esperanza y nuevos sueños en tiempos marcados por nuevos comienzos.

La primavera es un período revestido de ricos significados alegóricos, y no es casual que uno de los símbolos nacionales del país del Sol Naciente sea la *sakura*, la delicada flor del cerezo. Se dice que su florecimiento indica que el futuro está lleno de extraordinarias posibilidades.

Son numerosas las actividades y fiestas que se llevan a cabo durante el majestuoso fenómeno de la floración de los cerezos, que llenan de color los parques japoneses. Este evento, de considerable resonancia, representa no solo la transición a temperaturas suaves —un nuevo comienzo después del largo y frío invierno—, sino que además sirve para recordar la natural precariedad de la vida. Tiene que haber un final para que pueda producirse una renovación, una nueva y espontánea oportunidad de recuperación.

En su complejidad y plenitud, la existencia mortal es intensa, al igual que las sensaciones que transmite el *hanami*: es rápida y breve, al igual que el período durante el cual es posible observar las plantas en plena floración.

La civilización japonesa ve la *sakura* como la encarnación de la belleza, estrechamente vinculada con la mortalidad. Una idea que se remonta a siglos atrás y que se suma a numerosas reflexiones más recientes. Toshio me dijo que los personajes históricos que interpretaron esta metáfora de la manera más profunda fueron los samuráis, los guerreros del Japón feudal, regidos por un riguroso código moral de respeto, honor y disciplina. Además de ejemplificar y preservar estas virtudes en la vida, tenían el deber de aceptar y apreciar, sin miedo, la inevitabilidad de la muerte en la batalla, que muchas veces llegaba demasiado pronto. Por este motivo, la figura del samurái está relacionada con la de una flor o un pétalo de cereza caído, símbolo del final de la breve vida de estos hábiles luchadores.

Durante la Segunda Guerra Mundial, las flores de cerezo adquirieron otro significado similar: los pilotos kamikaze japoneses decoraban con ellas los aviones de combate en los que se embarcaban en misiones suicidas, en las que caían como pétalos de cerezo tras expresar su máximo potencial dando su vida por el emperador.

Hoy en día, las *sakura* ya no se asocian con fines militares o autodestructivos, y se las aprecia más por razones filosóficas y estéticas.

El etéreo encanto de las *sakura*

En el corazón de Kioto, se abre paso la calle Tetsugaku-no-michi, uno de los trayectos más evocadores para disfrutar plenamente del majestuoso despertar de la creación. Esta magnífica calle peatonal bordea un largo canal que pasa cerca de varios templos. Además de ser ideal para disfrutar de un paseo por el campo y visitar algunos santuarios, se caracteriza por una peculiaridad que la convierte en una de las más bellas joyas paisajísticas de Japón: está totalmente rodeada de cerezos, ofreciendo una visión maravillosa durante todo el año. La atmósfera del paseo adquiere matices mágicos, casi surrealistas. El nombre de la calle, Tetsugaku-no-michi, significa «camino del filósofo», debido al hecho de que un importante filósofo y profesor de la Universidad de Kioto solía meditar caminando por ella, inspirado por ese entorno único.

En los meses de marzo y abril, a medida que suben las temperaturas, los cerezos comienzan su lento proceso de floración. En dos semanas alcanzan la fase culminante, y las ramas se recubren completamente de nueva vida, en una explosión de suaves pimpollos que embriagan los sentidos con su inconfundible color y su delicioso aroma.

Durante la floración, el camino cambia de apariencia, transformándose en una especie de fascinante túnel de color blanco rosado, un arco de homenaje de pétalos de tonos pastel. Recorrerlo embarga el corazón de los más románticos y la mente de los más reflexivos, provoca una visión onírica en los soñadores e infunde serenidad en quienes practican la meditación.

El esplendor del momento es innegable: nos hallamos ante un evento de extraordinario valor en el que la Madre Naturaleza nos regala, generosa, una percepción de absoluta paz, una inmensa plenitud de los sentidos. Es imposible evitar el latido acelerado del corazón ante un espectáculo tan armonioso.

En primavera, los japoneses suelen organizar fiestas y pícnics en los grandes parques y jardines botánicos para disfrutar plenamente de la vista y compartir la experiencia con sus seres queridos. Estos eventos duran todo el día, entre *gyozas*, dulces *mochi* y alguna copa de sake, música, risas en compañía y meditación. La caída de la noche no significa el final de las celebraciones: a la luz de la luna se suman las tenues luces de los típicos y coloridos faroles de papel, especialmente diseñados para crear una atmósfera etérea al apagarse el día.

El *hanami* se desliza así hacia otro momento excepcional: el de la admiración del *yozakura*, un término que describe las flores de cerezo en la oscuridad de la noche. El espectáculo nocturno tiene su punto fuerte en los destellos de luces que crean un juego de color entre los pálidos pétalos iluminados. Una creencia popular afirma que cuando la *sakura* está en plena floración, su color vibrante puede iluminar incluso las sombras más densas, convirtiéndose en verdaderas «flores de luz», pequeñas lámparas mágicas que cuelgan de las ramas de los árboles. La oscuridad que las envuelve las hace aún más sugestivas, y ofrece una escena que nunca deja de sorprender y quitar el aliento. Flores y chispas de luz atraen sin cesar la atención del público.

En cualquier caso, ya sea que la observación se realice durante el día bajo los rayos del sol o de noche bajo el cielo estrellado, el florecimiento del cerezo guarda una estrecha conexión con los ideales de la filosofía budista relacionados con la mortalidad, la meditación y la capacidad de vivir en el presente. A la *sakura* se le atribuye una profunda e importante metáfora de la existencia humana: al igual que las flores, la vida está impregnada de placer e intensidad, pero es siempre delicada, frágil y fugaz. Con frecuencia se alude a la similitud entre los cambios repentinos en la existencia de los hombres y los de los cerezos en flor, porque ambas situaciones nos recuerdan que la alteración del equilibrio es la base de la renovación, en todos los ámbitos.

Las flores de cerezo son también un símbolo especial que se asocia con el amor y la feminidad en su totalidad: por su belleza, su sensualidad y su fuerza. Se unen en la búsqueda de la belleza en todos sus matices, desde el más esquivo al más evidente, desde el inicio hasta la muerte, desde el lento florecimiento del primer brote hasta la rápida caída de las corolas de los árboles.

El ciclo de vida de la *sakura* refleja esa búsqueda de manera precisa. Los cogollos nacen en las ramas desnudas y secas de los árboles, ofreciendo al mundo un primer mensaje de renacimiento, decorando la fronda en un auténtico triunfo de la naturaleza. Una explosión de elegancia enérgica y refinada: la gracia de las flores que se abren suavemente nos recuerda que en nuestro planeta siempre hay espacio para acoger el nacimiento y el desarrollo de un nuevo esplendor, en todos sus significados.

La magia del despliegue del manto floral de los cerezos hechiza a todo aquel que tiene la suerte de contemplarlo; la luz crea un ambiente único y diferente en cada momento del día, como si se tratara de una visión reservada solo para los elegidos.

Bajo una mágica tormenta de pétalos

En este periodo particular del año, en el que predominan las condiciones climáticas suaves, una ligera brisa suele asomar entre los árboles, balanceando las delgadas ramas y jugueteando con las corolas abiertas.

Al cabo de unos catorce días de plena floración de los cerezos, cuando el viento sopla a través del follaje, es posible que seamos testigos de otro evento maravilloso. El espectáculo que se abre ante nuestros ojos es increíble, el último acto de una representación teatral gloriosa e irrepetible, la escena final que se adueña con fuerza de nuestro corazón. Toshio y yo nos quedamos, literalmente, con la boca abierta.

Como ocurre con todas las cosas terrenales, las flores no están destinadas a durar para siempre; no obstante, su corta duración es una de las razones por las que el *hanami* es tan especial.

Es precisamente cuando el soplo de aire se eleva, ligero y fresco, cuando ocurre la verdadera magia: como en el más clásico de los cuentos de hadas, o como si fuera un mágico ensueño, los pétalos de cerezo cobran vida de repente gracias a la brisa primaveral, para revolotear en el aire en un torbellino de tenues colores, acariciando con suavidad a los transeúntes y a todo lo que les rodea. Como esos pétalos, mi mente también vaga libre, estimulada por la visión del paisaje que me rodea, extasiada ante el incomparable despliegue de la fuerza del universo.

El fenómeno encantador que tengo el privilegio de presenciar se conoce como *hanafubuki*, una expresión intraducible con una sola palabra y que en japonés significa, literalmente, «nevada de flores de cerezo».

El ideal de la belleza efímera está encarnado a la perfección en el *hanafubuki*: la delicada y bellísima tormenta de pétalos refleja la inestabilidad de la existencia.

Es un espectáculo que libera sentimientos intensos y afecta profundamente el alma. Remueve emociones recónditas y refresca la mente, liberándola de las aflicciones.

Cuando los japoneses se congregan bajo los árboles en flor, no lo hacen solo para admirar su belleza estética. En realidad, se trata de una celebración que toca cuerdas más profundas, que trasciende los esquemas formales para captar el encanto inherente a la vida y aferrándose a ella. Así, los japoneses, encuentran la ocasión de conmemorar la pérdida de sus seres queridos y de reflexionar sobre el verdadero valor de la existencia. Embargados por los sentimientos que provoca esta sorprendente visión, dejan atrás el pasado para abrazar y dar cabida a un futuro prometedor y brillante.

Basta con cerrar los ojos e inspirar profundamente para saborear ese momento, al menos en la imaginación.

Liberemos nuestra mente, miremos hacia nuestro interior e imaginemos las increíbles sensaciones que la magia del *hanafubuki* puede despertar en quien la observa y, sobre todo, dejémonos sorprender por las emociones que transmite. Demos un paseo por el «camino del filósofo», elevando la cabeza para percibir mejor los olores, mientras oímos el sonido de nuestros pasos sobre la grava y nos llegan los susurros de la brisa de la tarde, que se abre paso entre las ramas cargadas. Un rumor suave y constante anula cualquier ruido; un silencio prodigioso relaja los sentidos, desenreda las marañas de pensamientos que llevábamos escondidos en algún cajón de la mente.

Y, de repente, en el momento justo y casi como por arte de magia, un fragmento claro se desprende de una rama alta, seguido de otro, y otro más. En pocos instantes, una lluvia de pétalos de colores tenues invade el ambiente, transformándose con rapidez en una extraordinaria nevada.

Nieva pero no hace frío, porque los copos no son cristales de hielo sino pequeñas gemas aterciopeladas. Increíblemente, nos encontramos en medio de una tormenta pacífica, hecha de perfumes, pensamientos y sentimientos. Los delicados pétalos dejan el refugio seguro en las ramas para ser arrastrados por el viento, nos revuelven los cabellos, nos hacen cosquillas en los pómulos, y se entregan luego a la exploración del mundo, en los últimos momentos de su existencia. Vuelan, imperturbables, hacia la conclusión de su corta vida, en un momento de belleza perfecta. Incluso en su final, representan la ternura, en un estado hermoso y frágil.

Al finalizar la vertiginosa caída, se posan en el suelo con gracia, rodeando las gruesas raíces de lo que fue su hogar, creando una suave alfombra perfumada.

Florecen, son admirados como diamantes preciosos y luego, en un abrir y cerrar de ojos, vuelan movidos por la brisa fresca que los empuja hacia un epílogo poético.

Es evidente que el ciclo de vida de las flores de cerezo está estrechamente relacionado con factores externos que influyen en el proceso. De hecho, su delicadeza está expuesta a ataques ambientales. El clima, las condiciones meteorológicas y otros agentes externos afectan el ritmo de la floración y el marchitamiento, alterando el ciclo estacional. Las flores del cerezo son frágiles, y el cambio climático o un desequilibrio en las temperaturas habituales pueden ralentizar o acelerar su ciclo de vida. Es por eso que el increíble fenómeno del *hanafubuki* coincide con la finalización del ciclo de vida de la flor: el evento crea un interesante paralelismo con la realidad cotidiana, en la que el ser humano no es una entidad independiente y puede verse afectado por cualquier pequeña alteración de su ecosistema. Las diferentes variables que afectan al hábitat de la *sakura* son indispensables para determinar el comienzo de un nuevo ciclo de floración.

La efímera danza del viento

El principal oponente de las corolas es sin duda el viento, que al soplar altera su precario equilibrio sobre las ramas. Podríamos definirlo como un viento de cambio: su objetivo básico es aportar novedad, estimular las flores para que emprendan el vuelo, como hace la madre golondrina con sus crías, a fin de permitir que el árbol pase al siguiente estado, el del renacimiento del verde.

Imagino este viento como un gran bailarín, que danza al ritmo de una música que solo él puede oír, y que de pronto mira a su alrededor y ve a la gente sentada, observándolo. En un impulso, decide que ya no quiere bailar solo y arrastra a todo el público a la pista de baile, obligándolo a dar vueltas con él, mientras traza arabescos imaginarios y cada tanto se insinúa, como una brisa, entre la multitud que se balancea suavemente. El resultado es una serie de risitas excitadas, pasos descoordinados, expresiones avergonzadas y faldas revoloteantes. De repente, el bailarín decide abandonar la escena, y desaparece sin mirar atrás. Poco a poco, el público regresa a sus asientos, como desanimado por la ausencia de su brioso guía. Las últimas personas que quedaban en pie recuperan rápidamente sus asientos. Se hace el silencio, las luces se apagan y solo permanece el halo de una sonrisa en los labios de los improvisados bailarines.

La brisa representa al afable bailarín, y las flores son su fervoroso público. Pasa, levanta los pétalos y los obliga a dar vueltas. Estos se elevan y giran en el aire, primero hacia arriba y luego hacia abajo, a veces a la derecha y otras a la izquierda, dan algunas vueltas sobre sí mismos y luego flotan delicadamente en el espacio.

De pronto, cuando menos se espera, el viento desaparece y los pétalos se quedan solos. Abandonados a su suerte, se dejan ir, posándose en el suelo.

El asombro permanece en los ojos de quienes han presenciado el insólito baile, atónitos y conscientes de haber sido espectadores privilegiados de un acontecimiento extraordinario. El pétalo que se posa sobre la hierba exhala su último aliento, saludando la vida feliz y despreocupada de sus últimos momentos.

La razón por la que el *hanafubuki* se asocia con el concepto de vida y muerte es comprensible: toda la existencia de los cerezos en flor refleja la vida humana. Desde el inicio de la floración hasta que sus pétalos se depositan en el suelo, la *sakura* refleja principios espirituales; paso a paso, aborda los aspectos más delicados de la humanidad. La fragilidad de la vida y su naturaleza efímera están admirablemente representadas por la caída de las flores. El descenso de los pétalos, como si fueran copos de nieve, es el emblema de la debilidad, la inseguridad y la fugacidad terrenales. Por próspera y saludable que sea, la vida humana está sujeta a incursiones e influencias que la deterioran; los cambios son inevitables y en ocasiones definitivos. El declive del estado de prosperidad nos golpea en el pecho como una puñalada. Entregarnos en manos del destino genera siempre un velo de melancolía.

No obstante, la evolución es una condición necesaria para la mejora. De hecho, debemos recordar que una vez caídas todas las flores, en las ramas de los cerezos brotarán pequeñas hojas verdes. La vida continúa, a pesar de la adversidad. Cuando los cambios ocurren de repente y con una intensidad incontrolable, los problemas parecen insuperables. Sin embargo, la velocidad con la que ocurre esa transición anima a renacer con rapidez y a olvidar el peso de las peripecias vividas. La fugacidad de cada momento acompaña el inexorable paso del tiempo, y esos brotes verdes que sustituyen el blanco rosado en las ramas evidencian la salud de la planta y la inminente llegada del verano, la evolución hacia el siguiente paso.

Como señalan las flores de cerezo, la belleza y la felicidad son alegrías fugaces de la vida, elementos efímeros que embellecen la visión de conjunto. Un objeto frágil que adorna nuestro hogar. Las dificultades nos hacen ser quienes somos, en todo nuestro esplendor.

Vivir en el presente, dejando atrás las influencias del pasado, es esencial para que tenga lugar la renovación.

Aceptar la fragilidad, el paso del tiempo y la fugacidad de los acontecimientos nos hará más fuertes y vigorosos. Comprender que cada acontecimiento puede ser un escalón en el que apoyarnos para pasar al siguiente es fundamental para desencadenar el proceso de metamorfosis, de renacimiento espiritual.

Al purificar el espíritu, liberándolo de la negatividad, lo preparamos para la renovación. Como ocurre con los pétalos de la flor de cerezo, que al aceptar ser arrastrados por el viento dan nueva vida al árbol y ofrecen una visión preciosa a quienes los observan emprender el vuelo. Por eso las *sakura* representan tantos símbolos y metáforas positivas. A lo largo del tiempo, han recogido hasta el último destello de lo nuevo, transformándolo siempre en profundas lecciones de vida.

Las piernas nos han llevado lejos: ahora nos encontramos frente a la imponente puerta del templo Nanzen-ji, más allá del templo de Chionin, entre la multitud reunida para contemplar la magnificencia del portal. Algunos, corteses y respetuosos, permanecen de pie frente al enorme brasero para pedir a los dioses buena suerte e inspiración. A continuación, tomamos una antigua callejuela hacia los edificios de Kiyomizu-Dera, el templo del agua pura, llamado así por la cascada que está en el interior del complejo, cuyas aguas provienen de las colinas cercanas. La niebla de la tarde se ha vuelto más densa, y las velas del templo están encendidas. Proseguimos hacia el pabellón exterior hasta un gran escenario sobre pilotes, que parece flotar sobre la ciudad de Kioto ya iluminada, aunque la claridad del día aún permanece en el aire. Apoyada en la balaustrada, me pregunto qué me llevo de este día.

He aprendido que es hora de florecer y enseñar, con valentía, la belleza única que llevo dentro. Es hora de dejarse llevar por el viento, sin miedo a la caída. La vida es corta pero intensa, vale la pena vivirla al máximo. Y mientras revoloteo hacia el infinito, sabré que he hecho todo lo posible, que he disfrutado al menos de un momento de felicidad.

Porque en el fondo, todos somos flores de cerezo.

4

思いやり

Omoiyari:

La importancia de las emociones (de los otros)

Omoiyari: La importancia de las emociones (de los otros). El significado principal de omoiyari es la sensibilidad de un individuo para imaginar los sentimientos y problemas personales de los demás, teniendo en cuenta sus circunstancias. Cuando los japoneses perciben la bondad de otras personas hacia ellos y creen en la sinceridad de sus sentimientos, pensamientos y actitudes, aprecian profundamente el omoiyari.

思いやり

OMOIYARI

La importancia de las emociones (de los otros)

Kamo-gawa
35°00′22.9″N 135°46′17.0″E

Durante mis días japoneses, las orillas del Kamo-gawa, el río que cruza Kioto de norte a sur, están llenas de vida: gente que camina disfrutando del sol, que pasea a sus perros o disfruta de un pícnic. Es uno de los lugares favoritos para hacer deporte —he visto a niños jugando al tenis en las orillas— o para dar un placentero paseo en bicicleta.

Desde tiempos antiguos, el Kamo-gawa, que significa «río de los patos», ha sido el eje de la vida cotidiana, y su lento fluir marcó el ritmo de los días de la antigua Kioto. El río cruza varios distritos históricos, incluido el popular distrito de Pontocho, con sus casas de té en las que actuaban las geishas, y los mercaderes con sus pequeñas tiendas y puestos instalados a lo largo de las orillas, en los mismos lugares en los que luego se construyeron encantadoras terrazas sobre pilotes, en las que aún hoy podemos relajarnos al aire libre y disfrutar de hermosas vistas del río y de la zona verde que lo bordea.

Pero es después del anochecer cuando cambia el paisaje, adquiriendo contornos mágicos: las tenues luces de las farolas se reflejan en el río e iluminan los pequeños callejones, repletos de casas tradicionales de madera. Kioto es así. Quizá, caminando a lo largo del río o de los numerosos canales que lo acompañan, podríamos atisbar en el interior de estas casas y tener la suerte de presenciar los antiguos y sugerentes rituales que tienen lugar en ellas.

El Kamo-gawa me recuerda lo que significa *omoiyari* para los japoneses, es decir, el respeto por la persona que está junto a ti. Y lo hace cuando veo a un grupo de personas disfrutando del frescor del río, encaramadas sobre las piedras con forma de tortuga que, un poco al norte del Puente Sanjo, permiten cruzarlo. Todos tienen mucho cuidado con no perturbar la tranquilidad de la gente que los rodea, a pesar de que las orillas del río están muy concurridas. Aquí es donde tengo una cita con Toshio.

Siéntete bien haciendo el bien

Vivimos en una época en la que la vida está totalmente orientada al propio interés, egoísta y exclusivo. Nos dejamos poseer por ambiciones cada vez mayores, que a menudo nos llevan a pisar a quienes nos rodean; con demasiada frecuencia el lema de todo el mundo parece ser *mors tua vita mea*: tu pérdida es mi ganancia. Tendemos a juzgar a las personas por su éxito profesional, sin tomar en cuenta sus necesidades y sentimientos.

Las consecuencias de estas actitudes son devastadoras para todos, ya que no solo dañan a las personas a las que van dirigidas, sino también a quienes las ponen en práctica, ya que emplean todas sus energías en dañar a otros, en la vana búsqueda de una aprobación que, al final, nunca será auténtica ni genuina.

Estoy de acuerdo con Toshio cuando dice que todos deberemos cambiar nuestra actitud, dejar de buscar el mero beneficio egoísta y aprender a escuchar las necesidades de las personas que forman parte de la sociedad en la que estamos incluidos. Es necesario que nos alejemos de nuestros propios intereses y cuidemos de los demás, para sentirnos bien haciendo el bien.

Esta inclinación positiva forma parte de la cultura japonesa, en la que la bondad y la consideración por los demás guían la vida diaria de cada ciudadano. Precisamente, esta forma de concebir la vida se expresa con el término *omoiyari*, que debería ser el principio fundamental de toda relación humana. El significado de esta extraordinaria palabra se encuentra detrás de ese comportamiento sumamente educado y reservado del pueblo japonés, que a menudo llama la atención a los occidentales.

Una actitud *omoiyari* se manifiesta tanto en las acciones más simples —ceder el asiento a alguien, preocuparse por no molestar a los demás durante un viaje o respetar a los vecinos— como en los gestos de amabilidad hacia las personas conocidas o desconocidas. Se trata de una gentileza gratuita e intuitiva, apartada de cualquier objetivo egoísta, cuyo único objetivo es procurar el bienestar de quienes nos rodean.

Pero es algo mucho más complejo de lo que parece y, para comprender plenamente el mundo que nos abre el significado de esta palabra, necesitamos analizarla con más detenimiento.

El término *omoiyari* no tiene una traducción precisa a idiomas como el español o el italiano, dado que encierra diversos matices. Partir del aspecto más lingüístico nos ayuda a comprenderla, al identificar las dos partes que la componen: *omoi* significa «cuidar de los demás», mientras que *yari* es un sustantivo que deriva del verbo *yaru*, cuyo significado es «enviar algo a alguien». Al unir estas dos definiciones, se podría decir que *omoiyari* expresa, literalmente, la idea de enviar a los demás nuestros propios sentimientos altruistas. Pero ¿qué se quiere decir con ello?

En realidad, el medio más directo de transmisión de sentimientos es el comportamiento: partimos de una actitud mental de positividad social, de una atención especial a los que nos rodean, que nace en primer lugar del pensamiento. Imaginar las necesidades de los demás y tratar de comprender cómo ayudarles es, precisamente, la actitud que está en la base del *omoiyari*.

Toshio afirma que, en psicología, este término se ha identificado como la unión de los conceptos «altruismo», «compasión» y «empatía», y se manifiesta a través de una actitud positiva hacia los demás.

El componente de altruismo alude al sacrificio personal por el bien de otra persona, y se expresa cuando se anteponen las necesidades y requerimientos de los demás a los propios. Para la actitud *omoiyari*, el altruismo es el deseo de esforzarse por el otro, de acudir en su ayuda sin esperar a que lo pida explícitamente. Como cuando estamos cómodamente sentados en un transporte público y vemos subir a una persona con una pierna escayolada: su necesidad de sentarse se antepone a la nuestra, sea cual fuere el motivo por el que hayamos ocupado ese asiento. Como hemos visto, el altruismo también se refiere al gesto espontáneo de ofrecer algo en momentos de necesidad, de ayudar sin que nos lo pidan, de estar dispuestos a ponernos a disposición de los demás y, sobre todo, sin esperar nada a cambio.

Está claro que el acto de dar no se refiere solo a algo material, o al sacrificio personal. Tampoco se trata de gestos grandilocuentes de ayuda pública. Esforzarse por los demás incluye gestos sencillos como escuchar atentamente a alguien que lo necesita, acompañarlo en silencio o brindarle apoyo moral.

Este altruismo va de la mano de la compasión, entendida en su significado principal de «compartir el dolor», de acompañar al otro en lo que le aflige, ya sea un dolor leve o severo, temporal o constante. Comprender el sufrimiento de los demás es un aspecto esencial del *omoiyari*. La disposición a compartir es parte integrante de una actitud positiva hacia quienes nos rodean. Si queremos hacer el bien, el primer paso es entender al otro, intentar ponernos en su lugar y ayudarle a soportar el dolor. Animar a los que sufren a compartir sus penas, con tacto y delicadeza y sin invadir su intimidad, ya significa brindarles una gran ayuda y, en consecuencia, hacer el bien. La verdadera compasión consiste en cuidar a otra persona respetando siempre sus sentimientos; el apoyo que se brinda al que sufre lo ayuda a mitigar su dolor y a tolerar mejor su situación. Esto también forma parte de la actitud *omoiyari*, que siempre está orientada hacia el bienestar de los demás.

Aquellos que no actúan con las intenciones positivas que encarna este concepto deberían tomar conciencia, en algún momento, de la gran tristeza que realmente sienten al no tener en cuenta al otro, que eso les causa malestar y dolor. Si mejoran su actitud y adoptan un comportamiento orientado hacia los demás, descubrirán que también genera un profundo y puro bienestar en sus propias vidas. Deberíamos aprovechar cada oportunidad de hacer el bien, de brindarnos para aliviar las cargas de los demás.

Esta actitud, por supuesto, está directamente relacionada con el concepto de empatía. La capacidad de ir más allá de compartir, para experimentar los sentimientos de los demás en la propia piel —me explica Toshio— es el componente principal del *omoiyari*: identificarse de forma espontánea con el sufrimiento de los demás para brindarles el máximo apoyo y poner todo nuestro empeño en hacer el bien. La empatía consiste en sentir cómo se sienten los demás, hacer propios sus sentimientos de manera refleja e intentar alcanzar un cierto grado de correspondencia entre el «yo» y el «tú», haciendo que lo exterior se transforme en interior a través de la comprensión.

Gracias a la empatía, podemos comprender no solo el significado de lo que nuestro interlocutor nos comunica con palabras, sino que también podemos captar su significado más íntimo, el psicoemocional. Es evidente que esta capacidad nos permite ampliar el valor del mensaje, al captar elementos que van más allá del contenido semántico, haciendo explícita la metacomunicación, esa parte realmente significativa de la comunicación no verbal, expresada por el lenguaje corporal. Un lenguaje que se puede descodificar, justamente, gracias a la escucha empática.

Para lograrlo, además de habilidad, es necesaria sobre todo la voluntad de dejar a un lado nuestro propio yo y esforzarnos en el proceso de reconocer los sentimientos ajenos. Es casi como si experimentáramos un cierto placer al llevar sobre nuestros hombros la carga de otra persona. Todo esto sucede sin comunicación directa: una vez más la empatía del *omoiyari* no implica recibir un pedido explícito, sino que se basa en sentir al otro de forma silenciosa y profunda.

En realidad, hoy en día ya no podemos permitirnos levantar muros para dejar a otros fuera de nuestro mundo; ya no podemos establecer fronteras, ni pensar en eliminar al otro para purificarnos. Ya no podemos conformarnos con mantener limpio el rellano de nuestra casa, cuando los océanos están llenos de plástico. Debemos esforzarnos por ampliar nuestra mirada también a lo que nos parece lejano: en el sentido más amplio, lo que hacemos o dejamos de hacer tiene repercusiones reales y concretas sobre nuestra vida cotidiana.

El reflejo de la empatía

Todas estas características encuentran su síntesis en un comportamiento social orientado a la mejora incondicional de la vida de los demás, a la intervención espontánea en beneficio de quienes nos rodean, que no tiene como objetivo el reconocimiento público de nuestro gesto, sino que encuentra su genuina recompensa en el bienestar de los que lo reciben. Es precisamente el conjunto de estas actitudes y formas de vivir la sociedad y las relaciones sociales lo que genera un comportamiento *omoiyari*, un círculo virtuoso de ayuda a los otros que nos puede proporcionar un sentimiento de satisfacción cada vez que una de nuestras acciones contribuye a mejorar sus vidas.

Las personas son el centro de gravedad de toda sociedad, porque sus problemas y necesidades siempre han definido su lógica. Los individuos están vinculados entre sí por relaciones interdependientes, y el error de uno —en especial si ocupa un puesto de responsabilidad— siempre genera consecuencias para el resto.

Omoiyari significa tomar en consideración a los demás de forma completa, procurando conocer y comprender sus fortalezas y debilidades, no para darles donde les duele, sino para poder intervenir en su interés, ayudándoles a convertirse en mejores personas, en un ambiente de convivencia armoniosa y regida por la positividad. Si bien es cierto que los que odian también toman en consideración a los demás y hacen todo lo posible para descubrir sus miedos y debilidades, lo hacen para utilizar ese conocimiento como arma. Por lo tanto, no basta con empeñarnos en descubrir al prójimo, sino que debemos utilizar el conocimiento obtenido por la interacción únicamente de forma positiva, empleando todas nuestras fuerzas para calmar el dolor del otro y reconfortarlo.

Se trata de descubrir en nosotros mismos una bondad natural y espontánea hacia los que nos rodean, una especial sensibilidad para comprender sus circunstancias y sentimientos y hacerlos propios, para actuar con pleno respeto hacia los demás. Este respeto hace que nuestra propia individualidad, cuando entra en contacto con el otro, se convierta en factor decisivo para que evitemos causarle negatividad, dolor o preocupaciones.

Omoiyari significa tener una comprensión intuitiva de los sentimientos ajenos, que lleva a ser perfectamente conscientes de qué hacer y qué no, dejando atrás el mecanismo al que nos ha acostumbrado la sociedad occidental, que nos lleva a dar para recibir. Porque *omoiyari* significa dar sin esperar gratitud.

De hecho, para abrazar plenamente el comportamiento ideal que presupone el concepto de *omoiyari*, es indispensable una predisposición claramente desinteresada hacia el prójimo. No se hace el bien esperando una recompensa, sino por el placer de satisfacer las necesidades del otro; la propia felicidad reside única y exclusivamente en la felicidad de quien recibe. No se trata de obtener o no algo a cambio, ya sea un gesto de agradecimiento o algo material. No se actúa con bondad para recibir algo a cambio: la bondad debe, simplemente, ser un fin en sí misma.

El valor del *omoiyari* de una persona se mide por la pureza de su consideración por los demás. Esto implica el hecho de que, cuanto más espontánea es la actitud, más valor tiene, encajando perfectamente dentro de los parámetros trazados por el *omoiyari*.

Estamos hablando de un comportamiento sincero e intuitivo, que no presupone ningún cálculo o plan orientado a la obtención de resultados, ni está movido por un sentido del deber: es importante tener presente que poner el *omoiyari* en acción es el resultado de una libre elección.

El *omoiyari* como principio rector

Hasta ahora hemos intentado explicar con palabras qué se entiende por *omoiyari*, pero en la práctica, en la vida diaria, ¿qué es realmente una actitud *omoiyari*? ¿Cómo reconocerla y adoptarla como principio rector de nuestra vida?

Por lo que hemos visto hasta ahora, esta actitud puede generar eventuales gestos de bondad desinteresada. Basta con quererlo y dejarse llevar por todos los sentimientos positivos que albergamos por naturaleza; aunque a veces no nos demos cuenta, todos tenemos un potencial altruista, que está presente y solo necesita que lo encontremos y ejercitemos. Después de todo, el ser humano es un animal social, que necesita de los demás para poder vivir y expresar sus estados de ánimo, aunque muchas veces se extravía debido al frenesí de la vida moderna, que condiciona cada vez más el alma humana. Deberíamos darnos cuenta de que cada uno de nosotros posee sentimientos positivos que puede volcar en los demás; lo que se necesita es un entrenamiento saludable en la bondad, siguiendo el ejemplo de los japoneses, que están acostumbrados desde tiempos inmemoriales a la práctica activa y constante del *omoiyari*.

Basta una mirada a nuestro alrededor para darnos cuenta de cuánta ayuda podemos brindar sin por ello sufrir ningún daño; es más, a la larga nos daremos cuenta de cuán positivamente afecta nuestra vida. Tomemos una situación realmente cotidiana, casi banal: al vivir en el corazón de una metrópoli, quizá en un edificio, es muy probable que tengamos que lidiar con vecinos complicados.

Como sabemos, la convivencia en una comunidad no siempre es fácil; un comportamiento *omoiyari* sería, por ejemplo, imaginar qué actitudes podrían molestar a los demás a fin de evitarlas, sin necesidad de preguntar explícitamente si pueden molestar o no. Podríamos ofrecernos para hacerle la compra a una anciana a la que solo conocemos de vista, o echar una mano en las actividades extraescolares del barrio en nuestro tiempo libre. Es decir, prodigar pequeños gestos que aporten bienestar dentro de una comunidad.

Estas son cosas sencillas y cotidianas, pero también puede darse otras situaciones más serias, en las que una actitud *omoiyari* puede ayudar a los demás de forma significativa: por ejemplo, cuando un amigo o conocido tiene un problema o malestar grave, físico o psíquico, que le dificulta la vida. Si un compañero de trabajo está ansioso ante una tarea en la que el fracaso podría costarle el puesto, y si su despido podría representar una ventaja para nosotros, debemos dejar de lado el sentimiento egoísta para ayudarlo. Incluso en el caso de que el compañero en cuestión ni siquiera nos lo agradeciera, el sentimiento positivo del *omoiyari* será suficiente para que estemos satisfechos con nuestro comportamiento.

Debemos estar siempre dispuestos a tender la mano, a escuchar y percibir los sentimientos de los demás, de manera que podamos brindar ayuda desinteresada, incluso cuando hacerlo no nos resulte agradable. El espíritu del *omoiyari* es precisamente eso: actuar para facilitar la vida a otra persona, porque la máxima recompensa es hacer el bien por el bien mismo.

El *omoiyari* se concreta con claridad y se expresa en toda su esencia cada vez que se renuncia a conseguir lo que haría más cómoda la propia vida o lograr lo que se desea, cada vez que se evita satisfacer las propias ambiciones porque se tiene en consideración al otro.

Sin embargo, *omoiyari* no siempre implica una acción: pensar en el bien de alguien no implica necesariamente una intervención activa. En algunos casos, hacer el bien consiste en ser consciente de que en esa situación en particular no se debe actuar, sino simplemente hacerse a un lado. La empatía también consiste en darnos cuenta de que la mejor ayuda que podemos brindar es no intervenir, dejar a la otra persona el espacio que necesita o incluso darle la libertad de equivocarse.

A menudo basta con escuchar, y eso es lo que hago cuando me encuentro con mis clientes. Durante mis reuniones con ellos escucho sus historias y, con frecuencia, también sus problemas; a veces solo necesitan hablar con alguien que tenga una visión neutral y objetiva de las cosas. Puede resultarles muy útil desahogarse y despejar la mente de pensamientos de los que se sienten rehenes.

Por lo tanto, no debemos estar ansiosos por intervenir a toda costa, porque podría ser incluso contraproducente: puede suceder que el malestar de la otra persona esté relacionado justamente con las intervenciones ajenas; quizás siempre hubo otros que le solucionaran las cosas y eso le hace sentir incapaz de resolver un problema de forma autónoma. En este caso, la actitud *omoiyari* consistirá en permanecer en silencio y dejar que esa persona resuelva el problema por sí misma, para que se sienta mejor al darse cuenta de que puede confiar en sus propias fuerzas.

Por esta razón, es preciso vivir con nuestra alma dirigida hacia el alma del otro, animados por una curiosidad y un interés genuinos, para ser capaces de escuchar incluso cuando falla la comunicación verbal y comprender de qué manera deberíamos actuar según la situación.

Desde ya, una actitud social acorde con el principio del *omoiyari* —actuar con miras a ayudar a los demás— puede tener consecuencias negativas inesperadas, como el rechazo por parte del receptor. Una acción destinada a beneficiar a otro debe ser aceptada voluntariamente por éste; quien se dispone a realizar una buena acción debe estar preparado para la posibilidad de que su ayuda sea rechazada, asumir que existe un margen de riesgo de fracaso en sus intenciones de actuar en interés del prójimo. Cada uno debe tener la libertad de decidir, y, a pesar de todas las buenas intenciones que puedan estar detrás de un acto de bondad, quien lo recibe es libre de rechazarlo, así como es libre de no reaccionar con gratitud; no se puede imponer una actitud *omoiyari*, de lo contrario se distorsionaría su característica esencial. Precisamente por eso nunca debe ser un comportamiento de reacción, sino una acción espontánea en la que nos ponemos en la piel de los demás, siempre dispuestos a intervenir, pero también a aceptar un rechazo como respuesta a nuestra buena voluntad.

Por otra parte, cuando nos encontramos ante una inesperada reacción negativa es importante que mantengamos una actitud pacífica y relajada, tratando de no dañar el equilibrio positivo que hemos logrado. Dejarnos llevar por la irritación que puede provocar la falta de gratitud por parte de los que hemos ayudado es claramente un error, ya que surge de una expectativa poco inteligente, generada por mecanismos egocéntricos contrarios al principio fundamental del *omoiyari*.

En definitiva, se trata de un comportamiento que nace de una inteligencia sensible puesta al servicio de los gestos prácticos, por lo que la acción resultante no proviene de una intervención ajena a la propia conciencia, ni debe ser dictada por ningún tipo de condicionamiento externo. Una mente abierta, imbuida de filosofía *omoiyari*, siempre dará como resultado una conducta adecuada y sabrá reaccionar de la manera correcta en cada situación, porque está habituada a la escucha instintiva; es una mente que ha aprendido a liberarse del egoísmo y la autocomplacencia, y ha descubierto una forma completamente nueva de bienestar fuera de uno mismo.

En conclusión, la ayuda incondicional a los demás, la bondad gratuita, el cuidado y el respeto por quienes nos rodean sin pedir nada a cambio, sin esperar una recompensa, definen un espíritu *omoiyari*.

Todos deberíamos empezar a encarar nuestra propia vida de acuerdo con estas pautas, esforzándonos por modificar nuestras actitudes negativas y dañinas, conscientes de que el verdadero bien reside única y exclusivamente en el bien que se hace a los demás.

5
金継ぎ

Kintsugi:

Un reparador para el alma

Kintsugi: Un reparador para el alma. Kintsugi o kintsukuroi es el arte japonés de reparar con oro los objetos de cerámica rotos. De esta forma, lo que se rompe no se deja a un lado ni se desecha, sino que adquiere un nuevo valor.

KINTSUGI

Un reparador para el alma

Kinkaku-ji
35°02′22″N 135°43′42.6″E

En mi taza tengo pintado un prado verde, cuidado con esmero, como la hierba delicada de un cuadro impresionista. Como la campiña sin límites que rodea a Kioto y los bosques que cubren las laderas de las irregulares cadenas montañosas.

Un tono de verde que me recuerda a los tiernos brotes que crecen en las ramas desnudas de los árboles a principios de primavera: un color tímido pero intenso, a veces iridiscente. Se asemeja al reflejo de la vegetación en el agua del gran estanque que rodea el templo Kinkaku-ji, ese particular juego de tonalidades y matices cautivadores que crea la luz al caer la noche, cuando se entremezcla con los primeros atisbos de oscuridad.

Bebo a pequeños sorbos, satisfecha, mi esmeralda líquida, con el cuerpo envuelto en la seda rosa floreada de mi kimono. Mi respiración es tranquila y profunda; mi mente, elevada.

El aroma de la bebida caliente me embriaga, envuelve mis sentidos en un abrazo persistente y me transporta fuera de mi propio cuerpo, en una especie de viaje sensorial de descubrimiento de mi mente.

La casa de té consta de un solo edificio, pequeño y reservado, de un estilo rústico y esencial. Está situada dentro de los jardines del templo, también conocido como el Pabellón Dorado, sobre una pequeña colina que domina el sugerente santuario, y ofrece a sus huéspedes, además de deliciosos dulces e infusiones reconstituyentes, una vista excepcional. Está inmersa en la naturaleza, rodeada de plantas y musgos, y la luz, filtrada y tenue, crea una atmósfera relajada y al mismo tiempo fascinante.

Desde aquí la vista es incomparable. Espléndida. Abro los ojos de par en par, tratando de capturar la mayor cantidad de detalles posible, de grabar a fuego en mi memoria las sensaciones que experimento, con la esperanza de guardarlas para siempre.

La sencillez de este lugar, con su mezcla surrealista de misterio y elegancia, me infunde una sensación de profunda espiritualidad. Es como si el vacío material favoreciera la creación de un vacío mental, un espacio de elaboración de la conciencia de la existencia, de distanciamiento del mundo en la contemplación de la singularidad de cada momento vivido. Suspiro, emocionada, con el corazón suspendido en el aire.

Esto es Oriente: espiritualidad, conciencia, liberación y valores.

Inhalo profundamente, llenando con lentitud mis pulmones de oxígeno; mi alma es cada vez más ligera, mi espíritu se purifica, libre de las preocupaciones de la vida terrenal.

El silencio domina el ambiente; una levísima brisa se eleva y atraviesa las ramas de los grandes árboles que descansan, apacibles, alrededor del templo; las hojas se balancean y se rozan entre sí, creando un susurro agradable y armonioso.

Me siento suspendida en el tiempo y en el espacio, como una nube solitaria en un cielo despejado, como una pluma al viento.

Desde lo alto de la colina, contemplo fascinada el jardín zen que rodea el lugar de culto; me sorprende su esencialidad: siempre he apreciado la estética zen, delicada y sobria, de una belleza simple pero sublime, austera y al mismo tiempo armoniosa.

Mi mirada se pierde nuevamente en la contemplación. El lago es un magnífico espejo natural, que logra hacer que todo sea aún más fascinante: en esa extensión de agua, los colores del paisaje se reflejan, cobran vida y se mezclan entre sí, creando tonos encantadores en una especie de acuarela.

El Pabellón Dorado es un templo budista considerado como uno de los más bellos de todo Japón y declarado Patrimonio de la Humanidad por la Unesco. El Kinkaku-ji —cuyo nombre oficial es Rokuon-ji, literalmente «templo del jardín de los ciervos»— fue construido en el siglo XIV como la villa del *shōgun* Ashikaga Yoshimitsu, tras cuya muerte fue convertido por su hijo Ashikaga Yoshimochi en un templo de la secta budista zen Rinzai. El templo se quemó dos veces durante la guerra de Ōnin (1467-1477), pero en ambas ocasiones fue reconstruido con su forma original. El tercer y más famoso incendio lo cuenta Yukio Mishima en la novela *El pabellón dorado*; fue el novicio Hayashi Yoken quien le prendió fuego, el 2 de julio de 1950, con la intención de morir junto al pabellón.

Escondido entre la vegetación al pie de la montaña, como si fuera parte integrante de ella, su gracia es tan innegable como eterna y cada detalle, aunque sea pequeño, tiene su significado oculto.

Sigo explorando minuciosamente cada particularidad, pero justo cuando creo que lo he visto todo, ocurre algo asombroso. Es de tarde, y los rayos del sol acarician suavemente todo el pabellón. Un destello dorado capta mi atención, distrayéndome de mis pensamientos. Proviene de las fachadas del templo, que están cubiertas de millares de pequeñas hojas de oro puro. Toshio me explica que, según la doctrina budista japonesa, el oro es el metal que representa la purificación y se considera un elemento capaz de ahuyentar la negatividad.

Otra chispa metálica me atrae con su brillo mágico, desde la parte superior del templo: agudizando la vista, descubro que en el extremo más alto del edificio de tres pisos se eleva un maravilloso fénix, con las alas extendidas y una mirada alta y orgullosa, un antiguo símbolo de renovación y renacimiento a una nueva vida.

En este preciso momento, una palabra se abre paso en mi mente, como un pez recuperado de un profundo lago de recuerdos: *kintsugi*.

La belleza de mostrarse frágil

En una primera lectura, *kintsugi* puede dar la impresión de ser un concepto bastante complicado, sobre todo para nosotros los occidentales, poco familiarizados con la lengua japonesa. Sin embargo, es una palabra muy simple, compuesta por *kin*, que significa oro, y *tsugi*, unión. Literalmente, «unión de oro», que remite de inmediato a un significado noble.

Es un arte que emana un encanto extraordinario, capaz de ejercer una profunda atracción que captura nuestra mente.

El esmerado trabajo artístico de los artesanos japoneses implica un característico proceso de reparación mediante el uso de oro que, además de restaurar la integridad de una porcelana dañada, es también una expresión simbólica de recuperación de la belleza. Por esta razón, esta fascinante práctica no solo constituye una técnica milenaria muy particular, sino que también guarda símbolos y metáforas de la vida; encierra un fuerte valor filosófico, y se la suele considerar una especie de terapia psicológica. Es Toshio quien me lo explica; por supuesto, es un gran admirador del *kintsugi*.

En la vida cotidiana, todos rompemos algo por accidente: una taza, un cuenco, un plato… No puedo negar que cuando me pasa a mí, y pese a que lamento la pérdida del objeto, mi impulso ante los trozos dispersos es el de recogerlos y tirarlos. Es normal que reaccionemos así, a menos que se trate de un objeto que nos importe especialmente; en ese caso, es posible que nos desesperemos al ver que se ha roto.

Atrapados por el frenesí de los tiempos modernos, solemos pensar que un objeto roto debe ser necesariamente reemplazado. Pero ¿vale más lo «nuevo» que lo «viejo»?

La creciente tendencia consumista, propia del mundo contemporáneo, nos incita a tirar y volver a comprar, a deshacernos de los objetos para dar cabida a otros, negando con ello su valor intrínseco. Este estilo de vida está muy lejos de la filosofía japonesa ligada al *kintsugi*, una habilidad milenaria que tiene sus raíces en el siglo xv, una época particularmente próspera para el arte de Japón, durante la cual se consolidó una nueva estética con una temática predominante: la reencarnación.

El procedimiento, dice Toshio, consiste en utilizar una pintura dorada especial, a la que se le añade un pegamento, para unir las partes de un objeto cerámico roto y así darle una nueva vida.

Si lo miramos desde otra perspectiva —y los japoneses son unos magos en esto—, veremos que es fácil relacionar este proceso con la existencia humana. En efecto, el *kintsugi* es una metáfora aplicable a nuestra propia vida; se trata de curar las heridas del alma y poner en valor las cicatrices que llevamos, colmándolas de oro para que brillen, para que de ellas podamos extraer nuevas fuerzas, nuevas energías. Un acto verdaderamente extraordinario.

Volviendo a la antigua técnica, el oro se convierte en un preciado material adhesivo, gracias a manos expertas que lo disciplinan y lo dirigen, haciendo que se cuele entre las grietas, sustituyendo la parte faltante y resaltando los defectos en lugar de esconderlos, creando así una obra de arte única.

Contemplar un plato o un cuenco roto nos permite comprender mejor la naturaleza frágil de las cosas y darnos cuenta de que nuestro mundo, nuestra vida, no es más que un conjunto de piezas, grandes o pequeñas; de cosas, de hechos, de personas. Mantenerlas juntas es nuestro trabajo.

Tras el final de una relación o ante la pérdida de un ser querido, solemos definir nuestro estado con una imagen: nos quedamos con «el corazón hecho pedazos». El propósito del *kintsugi* es ayudarnos a encontrar la fuerza para convertirnos en nuestros propios artesanos, capaces de sanar las heridas del corazón, llenándolas de oro y dejándolas brillar.

La técnica del *kintsugi* es sin duda exclusiva, y no se limita a la simple reparación. Si bien se la utiliza para corregir fisuras sencillas, otras veces, como en la vida, el daño a reparar puede ser mayor. En estos casos, puede ser necesaria una intervención más compleja: re-emplazar un fragmento faltante. Esto es posible creando una pieza a medida, hecha completamente de oro, para que encaje con los otros fragmentos a la perfección. En algunos casos, se sustituye el oro por una pieza de una porcelana similar a la original. Esto hace que el objeto sea aún más original, porque la grieta y la reparación —precisa pero evidente— se convierten en parte fundamental de su historia, en lugar de defectos que se pretenden ocultar ante miradas curiosas.

El propósito de esta práctica es siempre potenciar la imperfección, por lo que el resultado obtenido es único e irrepetible. El objeto adquiere más fuerza, transformando en ventaja el suceso negativo y la energía que lo ha provocado.

Ésta es la base del *kintsugi*, también llamado *kintsukuroi*: el arte de reensamblar y embellecer lo que está roto, tanto si se trata de objetos como de nuestro espíritu.

El *kintsukuroi* podría describirse como la aplicación de un parche especial, que remedia el daño y confiere un nuevo valor al objeto. Este arte hace que las heridas sean únicas, y se basa en una idea que va mucho más allá del mero concepto estético. Está ligada a ideales más profundos, cercanos a la curación y a la resiliencia. Es el punto de partida de un proceso de aceptación, de asimilación del propio pasado; un proceso que otorga una nueva belleza y energía a las lesiones, ya sean físicas o emocionales, visibles o invisibles. El *kintsukuroi* nos susurra que la fragilidad es útil para el crecimiento, y que no debería asustarnos. Las experiencias dolorosas son recursos para fortalecer el alma. Si se comprenden y asimilan a fondo, no nos debilitan sino que nos enaltecen, haciéndonos únicos y preciosos, como el oro que restaura la integridad del jarrón destrozado, o una marca en la piel que hace que un cuerpo sea especial y reconocible.

No solo no se intentan ocultar daños y defectos, sino que la reparación, la intervención para recuperar el estado «habitual», se pone de relieve y se destaca mediante el oro, creando una suerte de vendaje precioso, de emblema dorado. El objetivo, que es la recomposición, conduce al siguiente paso: el perfeccionamiento de la propia condición.

La filosofía detrás de *kintsugi* comparte muchos aspectos con la de *wabi sabi* y su visión de la fugacidad de las cosas, basada en la aceptación de lo imperfecto y en la conciencia de la inevitabilidad de los cambios. De hecho, se habla de una «belleza imperfecta, impermanente e incompleta», una imagen que guarda una excelente consonancia con la idea de reparar con oro y procurar que esa intervención quede evidente.

Contemplar la imperfección lleva a aceptar el curso inevitable de los acontecimientos. Esa aceptación es el primer y esencial paso en la curación. Por consiguiente, un acontecimiento «traumático» no tiene por qué ser necesariamente interpretado como algo desfavorable.

Hay un principio y un final para todas las cosas de esta vida, materiales o inmateriales. Imagino una corriente de agua que brota de un manantial y fluye, inconmovible, hasta su desembocadura, cruzando tierras y zonas rocosas, superando barreras kilómetro tras kilómetro, mientras alberga vidas y se enriquece con lo que encuentra en su camino. Esta es la vida de los objetos, pero también la del ser humano y sus sentimientos.

Solo dos cosas son totalmente seguras: el nacimiento y la muerte. Los avatares de la vida a los que estamos sometidos siguen siendo aleatorios, pero son necesarios para comprender la importancia y la fragilidad de la propia existencia.

Un corazón roto puede volver a latir

Me parece advertir un brillo en los ojos de Toshio cuando me explica que el proceso de recuperación de la cerámica a través del *kintsugi* se puede comparar fácilmente con un camino de curación; como la porcelana, los humanos también nos podemos «romper». Corazones rotos, dolores, enfermedades, dificultades, pensamientos sombríos:

en el curso de la vida podemos experimentar momentos tristes, sentirnos torturados por situaciones agobiantes; la luz que emanamos puede ser oscurecida por sombras. Solo podremos recuperarnos si aprendemos a ver más allá de la capa de nubes que oculta los rayos del sol.

Es una idea que recuerda el concepto de resiliencia, definido en psicología como la actitud particular de un individuo para enfrentar y superar un período de dificultad o una vivencia traumática.

Aceptar nuestra vulnerabilidad requiere gran fuerza emocional, coherencia y autenticidad. Es en la fuerza emocional donde podemos encontrar la clave para superar las crisis y los desafíos de la vida, generando un estado de resiliencia que es quizás la virtud que mejor garantiza la vitalidad y la superación de las circunstancias más difíciles. La resiliencia es el arte de saber levantarse después de cada caída. Las rodillas despellejadas son un recordatorio de que tenemos que vivir las cosas en nuestra propia piel para aprender de verdad.

El truco está en superar y romper los patrones mentales que nos hemos impuesto. El temor a resultar heridos no debe inmovilizarnos. Siempre estaremos moviéndonos sobre el filo de una navaja, que representa nuestro impulso de reparación: vivir aquí, sobrevivir allí. El miedo limita las elecciones. La mera supervivencia, el arrastrarse por el mundo a la espera del fin, no es vida.

Perseguimos una felicidad que se nos escapa, que desaparece, porque no es un estado permanente, no es un distintivo para la solapa de nuestra chaqueta. La felicidad es transitoria y cambiante, volátil como el polvo en el viento: no es más que un único y efímero momento de satisfacción de los sentidos. Siempre tenderemos a sentirnos incompletos, convencidos de que nos falta algo. Algo no siempre definido y, a veces, ni siquiera demasiado concreto o justificado, por lo que solemos perseguir objetivos sencillos que nos permiten permanecer en nuestra zona de confort. Porque superar nuestra condición, y plantearnos objetivos que impliquen arriesgarnos, significaría aceptar que somos vulnerables.

Cada persona expresa el sufrimiento de manera diferente: algunos lloran, otros gritan; otros eligen el silencio y se esconden en la oscuridad de sus pensamientos; otros fingen bienestar. No existe una escala universal para medir el dolor: la intensidad del dolor es algo individual, que depende de la experiencia y el carácter de cada persona. Un mismo problema puede afectar a distintas personas de forma totalmente diferente, o incluso afectar a la misma persona de otro modo según el período en el que se produzca. La percepción personal es, en realidad, mucho más relevante que el hecho en sí.

El objetivo de la técnica *kintsukuroi* es entrenar la mente para que vea estas situaciones como desafíos, a fin de superarlas y otorgarles un significado positivo, haciéndolas más fáciles de manejar: deben representar una oportunidad de crecimiento y mejora, un nuevo camino de transformación.

La forma en que lidiamos con los problemas afecta en gran medida nuestras posibilidades de éxito. Si abordamos un problema convencidos de que somos sus únicos causantes, esa actitud afectará a nuestra mente de forma negativa y, en consecuencia, a nuestras acciones.

La verdadera fuerza reside en los obstáculos que se presentan en nuestro camino, haciéndolo más difícil; convivir con las adversidades nos permite entrenar nuestra capacidad de reacción y de recuperación. El dolor es parte del juego y, como hemos visto, es subjetivo. El verdadero reto es aprender a aceptarlo.

Entre las pruebas que debemos enfrentar están las preocupaciones, que deberían representar un estímulo para la acción, una oportunidad de aprender una nueva lección, de descubrir un nuevo propósito. Por su parte, los sentimientos de culpa pueden desencadenar un mecanismo de inhibición que nos impida actuar. No nos dejemos desanimar por las dificultades. Es natural que ante hechos inexplicables busquemos una razón, pero debemos tener presente que no todo lo que nos rodea o nos ocurre tiene una explicación lógica. A menudo, ante situaciones dolorosas, trágicas o violentas, no será posible encontrar la respuesta acertada y coherente que anhelamos.

Nadie merece sufrir una desgracia: esta es una noción a tener en cuenta. Sin embargo, la existencia implica la posibilidad de sufrir. Con frecuencia, son nuestros sueños y expectativas los que nos conducen al dolor emocional, y pueden afectar su intensidad. Por otro lado, el sufrimiento no debería estar vinculado a situaciones negativas que solo están en nuestra imaginación, y que incluso son altamente improbables. Debe ser la realidad de los hechos la que nos guíe.

La realidad que tanto nos asusta nunca es como la imaginamos; no estamos ante el guion de una película en la que cada escena está preestablecida. Nuestra representación mental de la realidad puede impedirnos ver la realidad concreta; es preciso recalibrar de forma constante nuestra visión de la realidad, a fin de mantener el rumbo correcto en el camino hacia la aceptación.

Nuestra vida no es estática ni predeterminada, y nuestra meta debe ser vivirla con pasión, al máximo de nuestro potencial. Deberíamos proponernos objetivos y perseguir nuestros sueños y deseos, conscientes de que las heridas son parte del juego y que pueden afectarnos en menor o mayor medida, dejando señales que nos caracterizarán a lo largo de nuestra existencia. Al sanar, nuestras heridas dejarán cicatrices, huellas de su paso que no deberían ser motivo de vergüenza sino de orgullo, por el mero hecho de haber sanado. Las lesiones no son signos de debilidad, sino más bien medallas al valor para exhibir con orgullo.

Tampoco llorar es una debilidad ni una muestra de vulnerabilidad, sino una reacción natural. Las lágrimas son una válvula de escape, espontánea y absolutamente necesaria; a veces, un buen llanto puede ser reparador. Sin embargo, para compensar el sufrimiento también necesitamos momentos agradables: un paseo al aire libre o una cena en un restaurante pueden ayudar a alinear de nuevo nuestros pensamientos.

A la larga, el dolor acumulado penetra a fondo en nuestros tejidos, afectando nuestra capacidad de amar en plenitud. Por eso es fundamental aprender de los errores para vivir una vida diferente, mejor, sin limitaciones. Debemos perdernos para reencontrarnos. Perdidos en la oscuridad de la angustia, encontrar la luz nos dará nuevas fuerzas.

El pasado no debe representar una carga, solo un recuerdo lejano. Para nadar en el mar de las dificultades sin dejarse arrastrar por él, hay que tener presente un aspecto fundamental: el sufrimiento pasivo no ayuda al proceso de curación. Para mantenerse a flote hay que moverse. Movimientos sutiles pero esenciales, para no hundirse ni ahogarse en disgustos y decepciones, en dolores y añoranzas.

Somos fuentes de energía, como un dínamo que se carga y produce luz gracias al movimiento muscular que lo activa.

El cambio, como el dolor, es parte integral e indisoluble de la vida y, en general, de todo lo creado. Cuanto antes se asimile la información, antes la vida cambiará de color, adquiriendo las tonalidades que más apreciamos.

Para desencadenar el proceso de reparación de nuestro cuerpo, lo primero es comprender nuestras motivaciones. ¿Por qué nos levantamos de la cama por la mañana? ¿Qué nos impulsa? En el transcurso de nuestra jornada, ¿qué es lo que buscamos? ¿Qué es lo que realmente queremos?

Como veremos más adelante, el término japonés que define nuestra razón de vivir es *ikigai*, que expresa el sentido de la existencia, la investigación que debemos realizar en nuestro propio inconsciente para descubrir cuáles son los valores que lo sostienen.

Recoger los fragmentos del alma y tratar de darles una nueva forma ofrece la oportunidad de analizar un evento traumático en su conjunto —hechos, emociones, pensamientos— y de estudiar la representación mental asociada a él. En este caso, el *ikigai* está constituido por una motivación personal que nos impulsa a recoger los pedazos, que es el primer paso para evolucionar.

Necesitamos deshacernos del dolor, tomar distancia y eliminar los límites impuestos por las creencias, a fin de permitir que la mente se libere para comenzar el proceso de reparación. Un jarrón restaurado muestra, al mismo tiempo, fragilidad y capacidad de resistir. En ello radica la verdadera belleza.

Para dar un ejemplo concreto sobre la imagen que tenemos de nosotros mismos, pensemos en lo ocurre al mirarnos en un espejo: solemos notar solo los defectos, las cicatrices que distorsionan la imagen que hemos creado en nuestra mente; una representación irreal, casi una ilusión. La mirada que nos dedicamos suele ser triste, malhumorada, irritada por tantas imperfecciones. Sin embargo, si superamos el impulso de juzgarnos y criticarnos, el enfoque será más relajado. Al aprender a mirar más allá de las imperfecciones, alcanzaremos la autoconciencia; las respuestas a nuestros porqués tendrán más sentido, nos ofrecerán enseñanzas provechosas. Lo que aprendamos se convertirá en una parte imprescindible de nuestra vida.

El camino hacia la autoconciencia es intrincado: el largo tiempo que requiere la curación no debe afectar nuestra positividad. No nos resignemos ni nos dejemos llevar por sentimientos de impotencia.

Para alcanzar la meta es fundamental concentrarnos en nuestros objetivos a corto y largo plazo, empleando nuestras energías de la mejor manera posible. El optimismo nos ayudará a dar una nueva luz a nuestro mundo; todo tomará una forma plácida, y el peso de las preocupaciones se tornará cada vez más leve.

Aprender a gestionar energías y emociones es esencial. Cuando lo hayamos hecho, solo nos quedará arremangarnos y actuar. El momento de pasar a la acción es el más complicado y delicado. Nos toca reunir las fuerzas necesarias para vencer el miedo que nos mantiene clavados en nuestra posición, para levantarnos y dar el primer paso. Una vez que hayamos puesto el pie en el suelo, dar el siguiente paso será un juego de niños.

Abrir los ojos para renacer

Es importante que aceptemos el hecho de que nuestra vida nunca tomará la forma que deseamos darle, porque no podremos cumplir todos y cada uno de nuestros deseos. Pero esto no significa que las emociones negativas deban representar un impedimento; al contrario, deben ser una fuente de energía constructiva.

Es posible que estemos abrumados por emociones tan intensas que nos sintamos confundidos. En ese caso, podemos dejar de lado nuestros problemas para ocuparnos de ellos más tarde, con la mente más fresca, para no quedarnos sin energía. La mejor solución es aprovechar el tiempo que tenemos: un descanso, un entorno diferente, rodearnos de personas que pueden entender y respetar el dolor que sentimos. Gradualmente, la mente recuperará el control y volverá a la normalidad. Solo así seremos capaces de aprender de lo sucedido, para afrontar los próximos cambios y dificultades que la vida nos ponga delante.

La confianza en uno mismo debe construirse ladrillo a ladrillo, en una operación que requiere calma y confianza en las propias habilidades. Tomarnos un tiempo para recuperarnos y desarrollarnos es la solución correcta. Invertir en la propia persona, en el valor de uno mismo, debería ser la prioridad de todos.

Todos los fragmentos que podamos reunir servirán para mejorar nuestro espíritu, pero también nuestro cuerpo. El propósito es convertirnos en la mejor versión posible de nosotros mismos, brindándonos nuevas oportunidades de crecer.

Y quizás, una vez que hayamos cruzado la línea de llegada y observemos la imagen que nos mira en el espejo, notemos una sonrisa serena impresa en nuestro rostro, y en los ojos el brillo de la conciencia de haber hecho las cosas bien.

Una vez que hayamos logrado nuestro objetivo, ayudar a los demás nos hará brillar aún más. Todos merecen tomar conciencia de sí mismos, iniciar un camino que conduzca a la serenidad. A los ojos de aquellos que atraviesan dificultades, nuestro testimonio será fundamental para ayudarles a superar los problemas.

Según Toshio, el corazón roto que se pone en manos del arte del *kintsukuroi* se vuelve más fuerte. Así como las porcelanas se recuperan mediante un parche de oro, nuestros corazones también pueden ser reconstruidos y nuestro espíritu revitalizado.

La unión entre la práctica tradicional japonesa del *kintsukuroi* y los ideales de la filosofía zen dan vida a una forma nueva y totalmente diferente de mirar los objetos que nos rodean —así como a nosotros mismos—, respetando la fragilidad, las cicatrices y las marcas del tiempo.

Somos el resultado de las caídas y de los obstáculos que hemos superado en nuestro camino personal: criaturas preciosas, conscientes de nuestra singularidad.

6

Nintai:

Escribo «paciencia», leo «perseverancia»

Nintai: Escribo «paciencia», leo «perseverancia». Nintai no solo significa «paciencia», también esconder la fatiga, tolerar las dificultades en silencio, resistir la ansiedad que provoca el paso del tiempo, saber esperar. Las cosas valiosas son difíciles de obtener de inmediato o por casualidad. Requieren paciencia.

忍耐

NINTAI

Escribo «paciencia», leo «perseverancia»

Fushimi Inari-Taisha
34°58′02″N 135°46′22″E

Si hay un lugar en Kioto del que casi todo el mundo ha visto al menos una foto, ese es sin duda Fushimi Inari-Taisha: el santuario mayor del culto de Inari, dios del arroz, del dinero y la prosperidad.

La mayoría de los jardines de Kioto suelen tener un punto ideal, a menudo la terraza, desde el que mirar los templos. Pero el Fushimi Inari-Taisha no es un único espacio que pueda ser observado desde un solo ángulo; es una experiencia que debe atravesarse, como un sueño.

En la entrada hay un gigantesco portal *torii* de color rojo bermellón, así como un escenario al aire libre y un salón principal, frente al cual se ven dos grandes estatuas de zorros: uno tiene la boca abierta y el otro sostiene una llave entre los dientes.

Detrás de la sala principal hay una sucesión de docenas de *torii* rojos, tan cerca entre sí que forman un túnel. Esto es lo que casi todo el mundo ha visto: en directo, en fotografía o en el cine, en películas como *Memorias de una geisha*. Algunos visitantes caminan a través de esta fila de portales a paso rápido y luego regresan a casa un poco decepcionados. Si reaccionan así, es porque le han dado la espalda a la entrada al mundo de los sueños.

Si seguimos caminando hacia arriba, después de la primera serie de *torii* encontraremos otra fila de portales rojos mucho más grande que la primera. Y luego otra más, y otra. Una verdadera procesión de cientos, quizás miles de *torii* que asoman en el bosque. Subimos las colinas y descendemos hacia pequeños valles, penetrando cada vez más profundamente en la colina boscosa. Dondequiera que miremos, siempre veremos el bermellón de las filas de *torii*, encajadas en el verde del bosque. Y solo paseando durante horas bajo los *torii* y entre los altares de piedra, con perseverancia, con *nintai*, hasta casi perder el sentido de la orientación, podremos captar el significado espiritual de este santuario único en el mundo.

Ganar con pequeños pasos

A propósito del *nintai*, Toshio me cuenta un trasfondo particular de una de sus películas favoritas: *Annie Hall*.

Como gran cinéfilo y amante de las películas del conocido director estadounidense, mi amigo recuerda las palabras de Woody Allen y Marshall Brickman —coautores de la película ganadora de varios Óscar— cuando fueron entrevistados por Susan Braudy, quien luego escribió un artículo para el *New York Times*. En este, junto al nombre de Marshall aparecía la siguiente frase: «He aprendido algo. Como dice Woody, el ochenta por ciento de la vida consiste en mostrarse. A veces es más fácil esconderse en casa, bajo las sábanas. He hecho ambas cosas.»[2]

Según Toshio, esa frase emblemática («La vida es en un ochenta por ciento mostrarse») significa persistir en las intenciones, con determinación y perseverancia, dando pequeños pasos, sin dejarse llevar por el miedo al resultado. Ese es, precisamente, el concepto que define el *nintai*.

---

2. «I have learned one thing. As Woody says, "Showing up is 80 percent of life". Sometimes it's easier to hide home in bed. I've done both».

Pero dejemos a Woody Allen a un lado por un momento y apliquemos este principio a la vida cotidiana. Salir de casa, prepararnos, sacudirnos la fatiga de la inmovilidad —en una palabra, «estar presentes»— no debería ser una tarea difícil, pero para muchos lo es: es el mayor obstáculo, como lo aseguran dos personas que conocen el éxito. A lo largo de los años, las palabras de Allen y Brickman han viajado por todo el mundo, han pasado de boca en boca y han cambiado de forma. Una de las versiones revisadas que más me gusta es la siguiente: «Ganar es, en un ochenta por ciento, mostrarse»[3]. Porque el de los dos directores es un concepto que se puede aplicar a cualquier reto: lo primero es empezar, del resto nos ocuparemos más adelante.

Lo mismo ocurre cuando pienso en mi trabajo: todos consiguen poner orden en su casa, una vez que superan la pereza de tomar la decisión de hacerlo. Una vez dado el primer gran paso, un poco de esfuerzo y otro poco de perseverancia son suficientes para mantener el orden en el día a día. Lo importante es asegurarnos de que se convierta en un hábito consolidado, como cepillarnos los dientes o ducharnos; aprender a verlo como un momento que nos dedicamos, que nos hace sentir bien en nuestra propia piel.

Reservémonos un momento del día para conseguir lo que queremos, que es estar satisfechos y a gusto en el espacio que habitamos. En nuestro caso eso significa ganar (con un guiño a Woody Allen y Marshall Brickman). Construimos nuestra victoria día tras día, ladrillo a ladrillo.

De hecho, si no reordenamos la casa con regularidad, el caos se apropia de todos los lugares hasta ocupar nuestro espacio —el dormitorio, la cocina, la sala de estar— haciendo más difícil recuperar el equilibrio que habíamos logrado, así como la motivación para seguir acumulando victorias en nuestra batalla personal contra el desorden. Para conseguirlo, debemos tener paciencia, practicar la perseverancia y no rendirnos jamás.

---

3. «80 percent of winning is showing up».

Quizá no sea suficiente, pero sí es necesario e imprescindible para ganar.

La perseverancia es un talento natural

Algunos afirman que no tienen ninguna posibilidad de llegar a ser buenos en algo porque nacieron sin las habilidades necesarias para ello. No creo que debamos darle tanto peso a las habilidades innatas, ni creo que haya alguien con una ventaja particularmente relevante en algo. Por supuesto, no puedo negar que algunos tienen piernas más largas que otros y por lo tanto más apropiadas para correr, o han crecido en una casa con una gran biblioteca y hayan tenido un mayor acceso a la cultura, pero me niego a pensar que estos factores puedan determinar de forma significativa el éxito o el fracaso en el área que sea.

Por no hablar de la historia del talento natural, del destino que otorga a algunos recién nacidos la genialidad necesaria para resolver una ecuación, cerrar una negociación difícil o ejecutar una coreografía. Quienes creen en el talento natural piensan que quienes tienen éxito ya nacieron dotados de él, por lo que no necesitan luchar para triunfar en lo que hacen, sino que consiguen las cosas con facilidad, sin demasiado esfuerzo y disfrutando de cada logro. Para mí, se trata de un discurso sin sentido y radicalmente erróneo, que adoptan los que han hecho de la pereza un estilo de vida para justificarse y no responsabilizarse de su propia insatisfacción. Es más fácil decirnos «No puedo hacerlo tan bien como Lucas, que por otra parte tiene superpoderes» en lugar de «No puedo hacerlo tan bien porque no he trabajado tanto como Lucas, que parece que tuviera superpoderes». Los que piensan que el éxito ajeno se debe a un talento innato quedan atrapados en una mediocridad que les hace perder el tiempo, mientras miran de lejos la meta que nunca alcanzarán.

Los que tienen éxito trabajan todos los días, como dijimos; se entrenan para ese éxito y se esfuerzan. Mucho. Lo dan todo. Woody Allen y Marshall Brickman —o mis propios clientes frente a una estantería desordenada o una cocina patas arriba— encaran sus objetivos armados de paciencia y humildad y se ponen a trabajar, manteniendo a raya el miedo al fracaso.

Efectivamente, todos tenemos miedo al fracaso, y todos tenemos que afrontarlo. Porque es así, todo el que empieza algo por primera vez fracasa. Es matemático. Falla, y lo hará una y otra vez. Se hará mucho daño y tendrá que volver a ponerse de pie. Luego tendrá que volver a intentarlo diez, veinte, cincuenta veces, como enseña el *nintai*, mientras también carga consigo el dolor de las caídas anteriores.

Alguien dijo que la vida reside en el paréntesis entre un fracaso y otro. Para mí, en cambio, la vida está en ese preciso momento en el que nos armamos de paciencia y humildad, y nos obligamos a estudiar un objetivo con detenimiento. Ese momento en el que estamos a punto de comenzar algo nuevo y nos encontramos desarmados, frágiles, pero también decididos, seguros, porque nos hemos liberado de la agitación y nos proponemos trabajar con calma, despacio y bien. El fracaso y el éxito son solo el resultado de ejercitarnos en el oficio de vivir; son dos caras de una misma moneda, dos posibilidades a tener en cuenta.

No hay magia, ni superhéroes ni superpoderes: simplemente, cuanto antes y más entrenemos, mayores serán las posibilidades de éxito. Así que pongámonos en movimiento. Preparémonos y mostrémonos.

Un gran problema de algunas personas adultas es que se aferran a su dignidad como un niño a sus juguetes. Piensan que todos esperan que tengan éxito al hacer algo por primera vez; mostrar ignorancia o perplejidad sería inaceptable. Olvidémonos de este tipo de razonamiento. Dejemos el orgullo de lado: si nunca hemos hecho algo, no siempre será fácil hacerlo por primera vez. Lo haremos con dificultad, a menudo con torpeza, como un bebé de pocos meses que está aprendiendo a hablar, caminar o comer de forma independiente. Y eso está bien, así es como funciona. A los niños les gusta tratar de hablar, caminar y comer solos, les resulta divertido, no es algo que les moleste. Se equivocan una y otra vez. Hasta cuando cometen errores son mucho más «adultos», mucho más hábiles que nosotros.

El fracaso es, en realidad, el comienzo del camino hacia la grandeza. Dejemos de quejarnos y empecemos a mostrarnos, a fracasar y a aprender a tolerarlo. En el hogar, frente a un armario abarrotado y desordenado, ante una hoja en blanco o ese correo electrónico que nunca tuvimos el valor de enviar.

Hagámoslo ya. Y sigamos haciéndolo. Estaremos más cerca de conseguir nuestros objetivos.

Esa espada clavada en el corazón

Entrenarnos con regularidad en la disciplina en la que nos gustaría sobresalir, darlo todo, trabajar despacio y bien y soportar el fracaso son matices de un concepto que en la tierra del Sol Naciente se resume en la palabra *nintai*.

Mientras paseo por el santuario en compañía de Toshio, hablamos de lo importante que es la perseverancia en la vida. Es él quien me explica que la expresión *nintai* deriva de *nin*, que significa «esconderse» (la palabra *ninja*, por ejemplo, significa «el que se esconde»), y *tai*, que podría entenderse como «aguantar», «perdurar», «resistir». *Nintai* representa la capacidad de esperar en silencio los frutos del propio trabajo, sin ceder a las dificultades y a la angustia por el tiempo. En definitiva, significa «perseverancia» y «paciencia».

A esta palabra corresponde un *kanji* (figura 1), es decir un símbolo o ideograma japonés. Es posible que aquellos que practican o han practicado karate o *kobudo* en Japón o en la isla de Okinawa hayan visto uno en algún *dojo* —como se denomina el lugar donde se llevan a cabo las prácticas de esta disciplina—, pero su evocadora historia va más allá de las fronteras deportivas y tiene sus raíces en la cultura y la filosofía japonesas.

Fig. 1

Antes de contarme esta historia, Toshio me ofrece una breve explicación sobre cómo funcionan los idiogramas japoneses. Se sabe, al menos en teoría, que son el resultado de la suma de otros ideogramas, en un rico y fascinante proceso de estratificación de significados. Por ejemplo, si tomamos el símbolo que significa «boca» y le ponemos al lado el que significa «árbol», habremos escrito «albaricoque». De la misma forma, si colocamos el símbolo que significa «pequeño» al lado del que significa «piedra», habremos escrito «arena».

Lo que quiero hacer ahora es intentar descomponer el ideograma *nintai* —«paciencia», «perseverancia»— para observar de qué está hecho y cómo se mezclan los significados originales para dar vida a un significado tan complejo.

El primer símbolo (figura 2), cuando aparece solo, se pronuncia «yaiba» y significa «hoja», como la de un cuchillo o una espada.

Fig. 2

El segundo (figura 3) se pronuncia «kokoro» y significa «corazón» o «espíritu».

Fig. 3

He aquí que para la filosofía japonesa, la paciencia y la perseverancia tienen que ver con una espada y un corazón. La pregunta es: ¿Por qué? ¿Qué tiene que ver uno con el otro? ¿Cómo se combinan para formar un concepto tan complejo? ¿Cuál es el razonamiento que los une?

Toshio lo explica: «Debemos resistir, aunque tengamos una espada clavada en el corazón. Seguir hasta el final. Ni siquiera un cuchillo debe poder detenernos». ¿Ha empezado la transmisión de nuestro programa favorito? ¿Nuestro ídolo ha iniciado un Instagram en vivo? No importa, apaguémoslo todo y vayamos a entrenarnos. Para ver ese programa o ese vídeo, ya habrá una segunda oportunidad o una segunda vez. Para nosotros, en cambio, no existe una segunda vez, porque nuestro tiempo es ahora.

Nintai significa ceñirnos a la línea de conducta que nos hemos marcado, a nuestro credo o al camino que hemos elegido. Sin ceder, sin detenernos. No es una casualidad que en Japón los estudiantes escriban la palabra *nintai* en pósits que luego se pegan en la frente cuando se encuentran, con la cabeza gacha, estudiando para aprobar los rigurosísimos exámenes de sus escuelas.

Nintai es simple, *nintai* es complejo

Nintai, fuerza.

Nintai, compromiso.

Efectivamente, *nintai* es ante todo *gambaru*, literalmente «comprometerse», «dar lo mejor de uno mismo», «esforzarse», pero también «trabajar con tenacidad en los momentos difíciles», hacer más o mejor, dedicarse a un objetivo y alcanzarlo de la mejor manera. *Nintai* soy yo, somos nosotros. Con tenacidad y trabajo duro, porque ante una prueba es el verbo *gambaru* el que une el compromiso con la espera. El esfuerzo está en el centro de todo y, ya sea grande o pequeño, confiere valor a quien lo realiza, a todos aquellos que se comprometen a hacer su propia aportación. Okakura Tenshin escribió: «Según el zen, en el sistema de relaciones entre las cosas no hay diferencia entre lo grande y lo pequeño; un átomo tiene en sí mismo las mismas posibilidades que el universo». En cualquier área, del estudio al trabajo, y más allá del resultado obtenido, es fundamental mostrar *yaruki*, compromiso, ganas de hacer: si hay *yaruki*, el resultado estará entre los mejores.

Nintai también es *yukkuri*, agrega Toshio, que significa «ocultar la fatiga», «tolerar en silencio las dificultades», «resistir la ansiedad del tiempo y la espera». Las cosas de valor son difíciles de obtener de inmediato. El trabajo con el que soñamos llega después de años de intenso estudio y aprendizaje; el amor a menudo viene precedido por una o más amargas decepciones o una gran confusión; la integración en un país tiene lugar después de años de intentarlo; una relación armoniosa con los seres queridos se establece tras múltiples discusiones que a veces acaban en graves malentendidos. Para acceder a un diploma, a un buen trabajo, a la publicación de una obra o incluso a una amistad verdadera, se necesita algo más que improvisación y suerte: se necesita resistencia, que es una prima mayor y más experimentada de la perseverancia.

Tenemos que entrenarnos en la *yukkuri*, incluso olvidándonos provisionalmente del inmenso objetivo que nos hemos prefijado, y mantenernos ocupados con proyectos más pequeños, con piezas en apariencia innecesarias pero que dentro del marco general crean matices y detalles, rellenan huecos. La oportunidad llega solo a quien está bien preparado.

Y *nintai* es, además, *gaman*, «soportar». Para los japoneses, es aquí donde se centra la esencia de una persona: en su capacidad para hacer frente a la existencia, para levantarse después de cualquier desilusión relativa al tiempo, al espacio o a una persona. Capacidad para contenernos, para frenarnos, para no mostrar nuestra contrariedad. Para soportar las bofetadas, reales o figuradas, de otros o propias, que nos prodiga la vida. No se debe poner énfasis en el desahogo, en liberar tensiones, como se enseña en Occidente. Desahogar los sentimientos negativos que albergamos no es tanto una oportunidad para liberarnos, sino un mero pretexto para enfatizar la toxicidad, que básicamente no resuelve nada. Para los japoneses, ciertos problemas solo se pueden abordar después de haberlos metabolizado: nuestro tiempo interno es esclarecedor y por lo tanto conduce a la estabilidad del alma.

Finalmente, *nintai* es *enryo*: «tener reserva, confiabilidad, modestia y discreción». Este es un término que se suele utilizar, por ejemplo, cuando se exige a alguien que se comporte correctamente en público, cuando se recalca la prohibición de fumar en determinados ambientes, de consumir comida en algunos edificios, o de abstenerse de conversar durante la proyección de una película. En su forma negativa, este verbo se emplea para hacer que una persona se sienta a gusto y relajada; cuando se le ruega que no se sienta obligada a hacer cumplidos, que se ponga cómoda y no se abstenga de hacer o pedir algo por pudor o por no causar molestias. De hecho, la expresión *enryo naku* significa «sin cumplidos», «no lo dudes», «no te preocupes». En definitiva, se trata de no causar molestias al otro, a fin de mantener el *wa*, la «armonía».

En resumen, *nintai* es hacer todo lo que esté a nuestro alcance y luego esperar la decisión del cielo, como reza un famoso proverbio japonés.

7
いただきます

Itadakimasu:
La bondad y la felicidad nacen de la gratitud

Itadakimasu: La bondad y la felicidad nacen de la gratitud. Itadakimasu es mucho más que nuestro «¡Buen provecho!». Esta palabra, de hecho, encierra un significado muy profundo: «recibir con humildad». Así es como agradecemos a quienes prepararon nuestra comida, pero también a quienes trabajaron antes, en el campo o en el río, para hacer posible el plato que tenemos en la mesa.

いただきます

ITADAKIMASU

La bondad y la felicidad nacen de la gratitud

Nishiki-koji
35°00'18"N 135°45'53.7"E

Toshio y yo caminamos por Nishiki-koji, el histórico y más grande mercado de Kioto, y mi mirada se posa en un puesto de venta de carne *wagyu*. Le pregunto a mi amigo —que lo sabe todo sobre el *washoku*, la famosa cocina tradicional japonesa— por qué la carne de Kobe es tan especial.

«Crían las vacas con delicadeza, las cepillan suavemente y les dan de beber cerveza. Llegan a beber 700 mililitros —una o dos botellas— de cerveza al día.»

¡Vacas alcohólicas! Debe ser por eso que tienen esas barrigas cerveceras. «Hace mucho tiempo bebían sake», añade.

Qué tradicional suena, pienso. Incluso demasiado. En mi imaginación, veo a las vacas de Kobe tambaleándose borrachas bajo las flores de cerezo.

«Las vacas no se mueven, y entonces engordan», explica. «Y las masajean todos los días».

Me temo que ahora hablará de las sesiones de *shiatsu* que reciben, o de que hay alguien que se encarga de protegerlas de los insectos, añadiendo anécdotas a la mitología que rodea a estos animales. En cambio, Toshio le pide al vendedor que nos prepare dos rebanadas en la *robata*, la parrilla japonesa.

«*Itadakimasu*», le agradece Toshio. «Recibo (con gratitud) esta comida».

Pruebo la carne y entiendo.

Porque lo anecdótico puede resultar divertido, pero la realidad se derrite en mi boca. Una sensación que solo puede invitar a la gratitud, al deseo de comprender plenamente el trabajo que hay detrás de ese bocado único.

En efecto, los estándares para la cría de *wagyu* son muy rigurosos, aunque en ninguna parte se mencionan vacas borrachas o en éxtasis.

La razón por la que algunos ganaderos masajean a sus vacas es que en Japón escasean las tierras de cultivo, y el ganado no puede moverse tan libremente como debería. Otros criadores les masajean los músculos durante el invierno, cuando los animales son propensos a los calambres por el frío. No lo hacen por benevolencia, sino por la sencilla razón de que evitando la rigidez obtienen una carne más blanda. ¿Y la cerveza? No está entre las especificaciones, aunque algunos ganaderos suelen añadir un poco de cerveza al agua para aumentar el apetito de los animales, y por consiguiente sus niveles de grasa.

Observa la naturaleza para aprender a ser resiliente

La etiqueta japonesa, tomada de una tradición muy antigua, incluye un amplio abanico de palabras que no solo describen todos los gestos relacionados con la nutrición y la preparación de alimentos, sino que también transmiten una verdadera escala de valores relacionados con el bienestar y la gratitud del hombre hacia la naturaleza. En resumen, es en la naturaleza donde podemos rastrear las diferentes facetas psicológicas y de carácter, me explica Toshio.

No es casual que un palabra que podría representar con mayor acierto el desarrollo físico y del carácter sea *hanasaki*, literalmente «flor que se abre», que indica una mejora en todos los aspectos de la existencia humana, para perfeccionar su realidad y vivir más tiempo.

La naturaleza es fundamental para los japoneses y actúa como una fuente continua de inspiración. Su tradición incluye la costumbre de pasar tiempo al aire libre y tomar largos baños calientes en las aguas termales para relajar el cuerpo y el alma, pero sobre todo para redescubrir el vínculo ancestral y primordial que une al hombre con la naturaleza. Numerosas prácticas, que se transmiten de generación en generación, siglo tras siglo, apuntan a ese objetivo. Toshio me cuenta que una creencia enraizada en el espíritu de los japoneses afirma que el hombre solo puede vivir en paz consigo mismo y beneficiarse de la multifacética diversidad de la realidad en la medida en que sea capaz de comprender que él mismo forma parte de un ecosistema, del cual no es el dueño sino un simple pasajero.

Por tanto, preservar y respetar profundamente la armonía de la naturaleza son dos de las piedras angulares de la filosofía japonesa. Pero es con el sintoísmo y algunas de sus prácticas que la conexión entre el hombre y la naturaleza se convierte en algo más concreto. La concepción de la naturaleza como entidad divina y salvadora también se refleja en el *shinrin-yoku*, el arte de «bañarse en el bosque», del que hablaremos más adelante, y en la arquitectura tradicional, conocida con el nombre de *nihon kenchiku*. Según ésta, en el pasado las casas se situaban en plena armonía con las características del territorio, y para la realización del mobiliario se utilizaban solo materiales ecosostenibles.

Como guía, Toshio es decididamente un mago. Con exquisito detalle, me explica cómo estas prácticas finalmente se convirtieron en valiosas enseñanzas, que demuestran que el hombre no solo es capaz de obtener de la naturaleza beneficios materiales. Observar cuidadosamente el medio ambiente, su inagotable capacidad de adaptación y supervivencia ante las presiones y adversidades, es una inspiración para desarrollar estrategias psicológicas para afrontar los desequilibrios y desafíos de la vida.

Vivir la cocina con armonía

Toshio retoma la narración para afirmar que la tradición culinaria japonesa se ha desarrollado en la misma dirección. Esta tradición se llama *washoku*, palabra compuesta por dos *kanji*: el primero, *wa*, significa «armonía» y «Japón»; el segundo, *shoku*, significa «comida». El *washoku* tiene sus raíces en un enfoque que no solo es profundamente respetuoso con la materia prima, sino que también incluye principios orientados a la adquisición de una dieta sana y equilibrada, sin descuidar los aspectos sociales y espirituales asociados a la alimentación.

Hara hachi bu, literalmente «barriga al ochenta por ciento», es un dicho popular que sugiere no comer hasta la saciedad total, sino mantener siempre el cuerpo libre del consumo excesivo de alimentos. Éste es uno de los pilares fundamentales para vivir de manera saludable. Es un poco como ocurre con la casa: es importante evitar que se acumulen demasiados objetos en el espacio en el que vivimos; el secreto para lograrlo es aprender a apreciar las cosas que tenemos. A simple vista, esta costumbre podría compararse con un principio de otra cultura, que conocí de cerca durante mis viajes a Oriente: la tradición china. También en ese país comer sin medida es sinónimo de mala educación. De hecho, la etiqueta china dictamina que siempre debe quedar algo en el plato después de la comida, precisamente para indicar que no te has excedido. La diferencia radica en que, mientras que en China se honra al comensal con platos ricos y abundantes, en Japón se prefiere servir porciones pequeñas, en platos pequeños, ya que no está bien visto dejar sobras en el plato. Los japoneses suelen exclamar «*mottainai!*», un término budista que subraya el desagrado que les produce el desperdicio de alimentos.

Conocedora de la precisión y el orden de los japoneses, observo con entusiasmo y asombro las pequeñas piezas de vajilla alineadas en las mesas; los cuencos para la salsa de soja apilados, antes de ser cuidadosamente colocados sobre los manteles de lino blanco; la cerámica decorada con diminutas y delicadas *sakura* en tonos pastel; juegos de té pintados a mano con los brillantes motivos de los kimonos tradicionales; cucharas perfectamente pulidas; refinados vasos de sake, cuencos de madera para la sopa de *miso*. Ante la gracia de la porcelana, los platos y las teteras, no es difícil imaginarnos saboreando platos tan deliciosos como los de la cocina japonesa.

Practicar la gratitud en la mesa

El *washoku* —que abarca todo el proceso relativo a la producción, selección, preparación y aprovechamiento de las materias primas, así como el consumo de los alimentos— es un arte y al mismo tiempo una ciencia, que centra su investigación en la nutrición como principio clave para una vida saludable.

Además del cuidado en la elección de los alimentos de origen vegetal y animal, la tradición culinaria japonesa tiene en cuenta los aspectos espirituales y sociales relacionados con la nutrición, por lo que ha establecido un código de comportamiento acerca de todo lo relacionado con la elección, las técnicas de preparación, la excelencia del alimento, el cuidado en la presentación —con una disposición armoniosa de formas, texturas y colores— y, finalmente, el consumo del plato.

La disposición de ingredientes y utensilios —la *mise en place*— y los platos utilizados durante el servicio están estrechamente ligados al tipo de comida y la estacionalidad de los alimentos, siguiendo reglas precisas en la combinación de colores, formas y materiales de cubiertos, platos y cuencos. En primavera, por ejemplo, se preferirá la vajilla de cerámica muy fina, pintada con flores de cerezo; en cambio, cuando la brisa de septiembre anuncia la llegada de los días más frescos, serán los platos con los tonos cálidos y otoñales de las hojas de arce los que enfaticen las características naturales de la estación.

Es evidente que las prácticas tradicionales de la cocina y la alimentación japonesas están fuertemente orientadas hacia la cuidadosa disposición de todos los elementos que componen una comida: no solo los alimentos —que deben ser siempre de primera calidad y de temporada— sino también todo lo necesario para presentar y servir los alimentos. En definitiva, como dice mi amigo Toshio, que lo sabe todo sobre la cultura nipona, el exquisito cuidado y las técnicas para crear platos armoniosos y equilibrados son parte de una tradición milenaria que ha recorrido toda la historia de Japón, y por ello han están firmemente arraigados en todo el territorio, constituyendo un fuerte elemento identitario y de cohesión social. Tanto es así que en 2013, la UNESCO incluyó el *washoku* en la lista del patrimonio oral inmaterial de la humanidad, proclamando a nivel internacional el inestimable valor cultural y antropológico de la cocina tradicional japonesa.

Un aspecto ligado a la cultura enológica y gastronómica que merece ser tomado en consideración es el hecho de que las múltiples reglas de la etiqueta japonesa —que incluyen todos los preceptos acerca de cómo elegir, preparar y servir los platos, así como las normas a seguir durante la comida— están acompañadas de un denso léxico, que trae consigo algunas de las enseñanzas espirituales y filosóficas más importantes de la cultura japonesa.

El término de etiqueta utilizado por la mayoría de los japoneses, que lo aprenden desde temprana edad, es *itadakimasu*, cuya traducción literal es «estoy a punto de recibir», expresión que se pronuncia cuando a uno le sirven un plato. Se ha asociado durante mucho tiempo con las expresiones «buen provecho» o «buen apetito»; se trata de traducciones decididamente incorrectas, que distorsionan el significado intrínseco de la palabra y omiten su profundo alcance cultural. De hecho, «buen provecho» es un deseo que se dirige cortésmente a los comensales, mientras que *itadakimasu*, cuya traducción literal es «con inmensa gratitud recibo lo que estoy a punto de comer», no indica un agradecimiento o un buen deseo del comensal hacia los que le acompañan en la mesa, sino un gesto de profundo respeto y devoción hacia el plato en sí y hacia quienes lo elaboraron. En otras palabras, explica Toshio, no es una mera fórmula de cortesía, sino que posee un significado más profundo y ancestral.

Para comprenderlo mejor, puede ser útil otra transposición del término *itadakimasu*, que es «estoy a punto de tener el honor de recibir», cuyo significado se refleja también en el gesto de devoción que lo acompaña: una leve inclinación de la cabeza frente al plato, tras haber unido las palmas de las manos en un gesto de oración. *Itadakimasu*, que deriva de la comprensión de que vivir es recibir constantes dones de la tierra, se puede utilizar tanto durante una comida a solas como en compañía, y representa una forma de agradecer y mostrar devoción y humildad hacia la comida, que ha sido preparada y hecha comestible tras la obtención y aprovechamiento de la materia prima. El sentido de profunda gratitud no se reserva para las comidas caras y los manjares refinados. Al contrario, no es raro encontrar japoneses que con toda humildad pronuncian «*itadakimasu*» frente a la bandeja de una cadena de comida rápida.

Este comportamiento virtuoso es comprensible si lo vemos desde el punto de vista de la concepción espiritual y filosófica de la tierra del Sol Naciente, concretamente el animismo sintoísta, para el que los animales y las plantas son depositarios de la energía divina y vital.

Toshio también me señala que la costumbre de agradecer a Dios o a las deidades antes de comer no es, en realidad, una costumbre exclusivamente japonesa: tanto en Oriente como en Occidente existen otras ceremonias religiosas, más o menos primitivas, que tienen en común ritos y prácticas devocionales con relación a los alimentos y a la comida. Encontramos ejemplos en el cristianismo, con las oraciones de acción de gracias antes de comer, y en el breve ritual del *pooja* de la religión hindú, en el que los creyentes pronuncian una serie de fórmulas para agradecer y glorificar a la divinidad por todo lo creado, incluidos los alimentos.

En la cultura japonesa, la costumbre de agradecer e inclinarse frente a la comida deriva de la conciencia de que para la realización de un plato se ha sacrificado una vida —animada o inanimada— para permitir que la cadena alimentaria continúe y, en consecuencia, ofrezca al hombre la posibilidad de comer y mantenerse vivo. Por lo tanto, una vez en la mesa y frente a un plato apetitoso, los comensales están llamados a agradecer a los seres vivos por haberse sacrificado para permitir la supervivencia del hombre, lo que sin duda merece devoción y humildad.

Otra característica interesante relacionada con la palabra *itadakimasu* se refiere al hecho de que el fuerte sentido de gratitud y respeto que expresa el comensal no se limita a los dones de la naturaleza, depositaria del espíritu divino, sino que se extiende además a quienes cultivaron la tierra, criaron los animales y prepararon el plato. El agradecimiento está dirigido también a las personas que, mediante su sudor y su cansancio, han dado forma con honor a la materia prima, elevándola y otorgándole armonía y sabor.

Con el mismo espíritu, una vez terminada la comida, se invita a los comensales a agradecer y subrayar su satisfacción pronunciando la palabra *gochisousama*, es decir «gracias por la comida». Si bien este término es especialmente adecuado para situaciones formales, como cenas en restaurantes o cuando eres un invitado de amigos y familiares, no faltan quienes también lo utilizan en situaciones más informales, o incluso durante una comida a solas. En cualquier caso, no pronunciar con frecuencia y de buena gana las fórmulas *itadakimasu* y *gochisousama* se considera un acto grave de arrogancia y descortesía, ya que se niega de forma implícita uno de los principios fundamentales de la cultura filosófica y espiritual japonesa: el reconocimiento de la fuerza y energía vitales que posee la naturaleza.

En definitiva, entre todas las palabras del léxico culinario japonés, sin duda una de las más cargadas de significado es *itadakimasu*, ya que resume y subraya los principios cardinales de la espiritualidad religiosa del país. La religión y la cocina, la espiritualidad y la nutrición, son dos binomios inseparables, porque se componen de la concatenación de elementos fuertemente relacionados entre sí y que no deben ni pueden dividirse, porque en todos los actos que conducen a la alimentación el hombre se eleva, se alimenta de lo divino y entra en contacto con el espíritu vital de la naturaleza, del que a su vez extrae vida.

Al manifestar gratitud y aceptar su condición de pasajero en esta tierra, el ser humano puede encontrar el camino hacia el bienestar psicológico y físico, conectándose profundamente con la naturaleza y absorbiendo sus enseñanzas para soportar mejor las presiones del entorno.

En las últimas décadas, la milenaria tradición gastronómica de este país ha despertado el interés de la comunidad académica por investigar la dieta para una vida sana, longeva y libre de estrés. Los investigadores involucrados pertenecen a diferentes ámbitos, desde los científicos como la medicina y la biología, pasando por las humanidades como la psicología y la filosofía. La razón de esta heterogeneidad, dice Toshio, es fácilmente atribuible al hecho de que, entre todas las prácticas presentes en la cultura japonesa, la cocina tradicional o *washoku* es una disciplina muy variada, que abarca aspectos teóricos, culturales, filosóficos y espirituales, considerando al hombre en todas sus facetas.

De hecho, mientras en el campo científico la investigación se ha orientado al estudio de factores biológicos y bioquímicos que hacen que la dieta japonesa sea nutricionalmente equilibrada, las ciencias humanas se han centrado en el estudio de los aspectos espirituales y filosóficos de los ritos relacionados con la alimentación, responsables de otorgar bienestar y ligereza a quienes los practican. En este sentido, la gratitud por los alimentos manifestada a través del ritual de *itadakimasu* devuelve al hombre, de inmediato, a una antigua situación original de conexión con la Madre Tierra, depositaria del espíritu divino. Es de esta concepción de la naturaleza de la que deriva gran parte de la cultura japonesa, especialmente en lo que respecta a la protección y respeto por el medio ambiente, a vivir de forma natural siguiendo las estaciones, sin estresar ni someter al organismo al excesivo esfuerzo que deriva de una vida agitada.

Por último, es importante destacar que, si bien la dieta japonesa ofrece una alimentación sana y equilibrada con la combinación de macronutrientes, nunca se descuida el aspecto visual y artístico. De hecho, la atención y el esmero en la elección de alimentos y utensilios y su disposición —la *mise en place*— subrayan la intención de crear una experiencia culinaria armoniosa en colores y texturas, alineada con la estética natural, a fin de guiar al comensal en un viaje gustativo que involucra tanto el cuerpo —a través de sabores muy bien equilibrados— como la mente, reconectándole, con humildad y gratitud, con el espíritu divino inherente a los elementos naturales.

8
お持て成し
o おもてなし

Omotenashi:

Conocer de antemano las necesidades de los demás

Omotenashi: Conocer de antemano las necesidades de los demás. Omotenashi es una palabra japonesa que se suele traducir superficialmente como «hos-pitalidad», una interpretación que la priva de su sentido profundo y de los diferentes matices que la caracterizan. Omotenashi es la capacidad de anticiparse a los deseos y expectativas del otro, incluso antes de que este los manifieste de forma explícita.

お持て成し
o おもてなし

OMOTENASHI

Conocer de antemano las necesidades de los demás

Gion
35°00′12.59″N 135°46′30.19″E

Al caminar por las calles de Gion, no es raro que nos topemos con una geisha. De hecho, es en este barrio antiguo y fascinante donde sobreviven sus casas, teatros y escuelas; pero, además, hay agencias que permiten que las mujeres occidentales se conviertan en geishas durante una hora.

Quedan alrededor de 250 geishas en Japón, y la mayoría de ellas viven en Kioto. Su trabajo es entretener a los invitados —exclusivamente masculinos— durante una fiesta o una cena de negocios.

En japonés, la palabra geisha significa «artista» o «persona talentosa»: una geisha tiene como objetivo hacer que sus interlocutores se sientan como reyes, esforzándose por darles la sensación de ser únicos, como si fueran soberanos de un mundo mágico sabiamente recreado en el ámbito de una casa de té. Pero siempre será la geisha quien mantendrá el control absoluto del juego con sus artes seductoras, su erotismo sutil, su destreza, sus palabras, sonrisas, bailes y miradas cómplices, con actitud sumisa pero a la vez dominante. Nunca caigamos en el malentendido de pensar que una geisha es el equivalente japonés de una prostituta.

A altas horas de la noche, mientras recorro el camino que discurre junto a los estrechos canales bordeados de árboles entre Gion y Pontocho, descubro que tengo la suerte de estar en el lugar y en el momento oportunos. Al otro lado del canal, semioculta tras de un gran sauce, descubro una casa de té donde una geisha y una joven *maiko* —aprendiza de geisha— entretienen a un grupo de hombres. Me detengo y observo, hipnotizada, sus movimientos, sus gestos, sus canciones; comprendo que es precisamente del trabajo de las geishas que nace el concepto de *omotenashi*: cada gesto tiene la finalidad de que el huésped encuentre el *wa*, la armonía perfecta.

Todo el que visita la tierra del Sol Naciente, ya sea por placer o por negocios, no puede dejar de notar la extrema cortesía y la profunda dedicación con la que los japoneses acompañan cada uno de sus gestos. Es habitual sorprenderse ante la inigualable hospitalidad del pueblo japonés, ante su actitud espontánea y desinteresada. Cuanto más atentos y diligentes se muestran frente a un invitado, más apacible y natural parece su comportamiento. No se esfuerzan ni los mueve el deber de ser amables, porque el *omotenashi* está inscrito en su ADN.

Ura Omo Tenashi. Mono O Motte Nashitogeru. Mo Te Na Su. Estas son las tres expresiones contenidas en la palabra *omotenashi*, que expresan el espíritu de la hospitalidad nipona. Representan, respectivamente, el principio de autenticidad, que se traduce en un acercamiento espontáneo y desinteresado; el del máximo empleo de las propias fuerzas para perseguir un objetivo con dedicación y perseverancia, y el de la atención, cuidado y gratitud hacia un huésped.

En realidad, el término *omotenashi* es mucho más complejo y está lleno de significados; es más, como muchas otras palabras japonesas, incluso tiene un doble significado. Para traducirlo al español, se utiliza sobre todo el término «hospitalidad», aunque no es lo suficientemente multifacético como para captar todos los matices profundos y diversos que lo caracterizan. En realidad, los dos auténticos significados de *omotenashi* son los siguientes: (*o*)-*mote* («superficie», «fachada») y *nashi* («menos», «menor», «sin»), utilizado en el sentido de «sincero», «desinteresado»; *o-mote* («traer») y *nashi* («triunfar»), con el significado de «satisfacer», «completar», «ponerse al servicio del otro».

Es en estos matices de significado donde se pueden apreciar las diferencias entre la cultura del *omotenashi* y la occidental en lo relativo a la hospitalidad. La tradición japonesa, de hecho, no contempla ninguna relación de dominio entre huésped y anfitrión, sino todo lo contrario. Es una relación que no implica expectativas, ya que nace de lo más profundo de la conciencia humana, y no da lugar a obligaciones sociales más o menos explícitas.

La experiencia de *cha no yu*

El *omotenashi* es un principio fundamental de la tradición japonesa, una filosofía de vida asentada en un comportamiento altruista y en una acogida basada completamente en las necesidades del huésped. Podríamos interpretarlo como una actitud innata, cuyos orígenes se pueden rastrear en el enfoque zen de la vida, promovido por la filosofía budista, y en rituales ancestrales como la ceremonia del té (*cha no you*), quintaesencia del *omotenashi*, también nacido de la tradición zen y la meditación *zazen*.

En este sentido, el trabajo de Sen no Rikyū — un monje budista y uno de los maestros del té más conocidos e influyentes— describe las reglas fundamentales sobre cómo recibir y entretener a los invitados durante la ceremonia del té.

En su forma original, el ritual *cha no you* duraba varias horas, durante las cuales se esperaba del anfitrión una actitud de compromiso y dedicación hacia el invitado, quien era —y aquí no se usa la expresión por casualidad— «servido y reverenciado» con diferentes platos. Hoy la ceremonia del té sigue marcada por momentos, rituales y gestos precisos, además de hacer uso de utensilios creados específicamente para la ocasión; tanto es así que quizás sería más correcto llamarla «arte del té».

Una parte integral del rito son al menos dos interrupciones, en las que se ofrece a los invitados a abandonar la sala para que el oficiante de la ceremonia pueda modificarla, tornando el espacio más acogedor y confortable, moviendo muebles y sillas o reemplazando los elementos utilizados, a fin de adaptarlos lo más posible al gusto personal de los invitados. Para hacerlo, el oficiante debe recurrir a una observación atenta y meticulosa, a fin de percibir las reacciones de los huéspedes. Al evaluar cada tanto la satisfacción de los agasajados, seguramente dará con la atmósfera, los utensilios y los platos que más les agraden. Cada paso se lleva a cabo con respeto y gratitud.

Toda la esencia del arte del té —y, en consecuencia, del *omotenashi*— se resume en esta máxima atribuida a Sen no Rikyū: «El corazón de la ceremonia del té consiste en preparar una deliciosa taza de té, disponer el carbón para calentar el agua, arreglar las flores como si estuvieran en un jardín; en verano, ofrecer el frío, y en invierno el calor; preparar todo con anticipación, incluyendo lo necesario en caso de lluvia, y brindar a las personas con las que te encuentres toda la atención».

Esta última frase es particularmente reveladora: *omotenashi* está lejos de ser una mera deferencia hacia los demás; al contrario, expresa una profunda dedicación al otro. Todas las acciones que se observan durante la ceremonia, todos los momentos vividos *con* el invitado son también *para* él.

Sin embargo, la devoción de los japoneses hacia otras personas no se limita a la ceremonia del té: la misma actitud se puede encontrar, por ejemplo, en el cocinero que expresa agradecimiento por cada uno de los ingredientes presentes en su cocina, o en la fórmula que ya conocemos, pronunciada por los comensales en el momento en que se sirven los platos: «*Itadakimasu*».

La predisposición a la sonrisa y a la amabilidad hacen de la japonesa una cultura de hospitalidad; no es casual que un antiguo proverbio diga: «Si sonríes, puedes cambiarte a ti mismo, a los demás y al futuro». Un servicio impecable, en efecto, tiene como condición necesaria y suficiente el hacer que los demás se sientan cómodos; una hermosa sonrisa es siempre la forma más fácil de conseguirlo, y esto vale para todas las culturas. Independientemente de con quién estemos tratando, es una buena costumbre satisfacer sus necesidades, sin el menor atisbo de impaciencia o de sacrificio por nuestra parte.

La cultura de la hospitalidad

La sensibilidad basada en la escucha y el espíritu de observación constituyen las premisas necesarias para practicar el *omotenashi*. La capacidad de intuir y anticipar las necesidades del otro y la búsqueda de la armonía son los secretos para conseguirlo, con el bienestar y la satisfacción de los demás como única meta.

Para ello, es fundamental mantener una actitud libre de prejuicios, reservar el mismo trato para todos y, al mismo tiempo, prestar atención a las necesidades particulares de cada uno.

A lo largo de los siglos, el *omotenashi* ha moldeado, literalmente, la mentalidad y las costumbres de los japoneses, y ahora es una parte esencial de las relaciones sociales en todos los ámbitos, desde el más formal al más familiar, incluso en la vida cotidiana al ir al restaurante o entrar en una tienda.

Lo descubrimos en el esmero con el que se presentan las comidas, para que el plato satisfaga tanto la vista como el paladar; en la cortesía de los tenderos, en la amabilidad y disponibilidad de un transeúnte cuando le pedimos que nos oriente y él o ella, en lugar de limitarse a indicarnos la dirección, se ofrece a acompañarnos al lugar al que queremos ir. Sí, todo esto es *omotenashi*.

Pequeños gestos, pensarán algunos, pero esta cultura de la hospitalidad en Japón es una cuestión real, del corazón, y realmente marca la diferencia. Incluso mejora la calidad de vida, que en este país —cuyos puntos de referencia son la eficiencia, la precisión y la puntualidad— es una de las más elevadas del mundo.

En la práctica, se traduce en una excelente atención al cliente, en el cuidado del más mínimo detalle, que tiene como objetivo anticiparse a sus necesidades e incluso superar sus expectativas.

Es, también, el credo que a través de los años he aprendido a hacer propio, y que observo cada vez que me encuentro frente a un cliente.

En realidad, la filosofía del *omotenashi* está estrechamente ligada —no sería exagerado decir que de forma inseparable— a mi trabajo. Para entenderlo mejor, es necesario tener presente que el *omotenashi* constituye, en este caso, la capacidad de intuir los deseos del cliente, incluso antes de que los manifieste de forma explícita. En definitiva, se trata de hacer todo lo posible para que se sienta feliz, y eso es lo que intento obtener en cada experiencia laboral. El momento de escuchar y observar es el más importante de mi trabajo como organizadora profesional, porque no solo me permite conocer mejor a la persona que tengo delante, sino también evaluar los objetivos que espera de nuestra colaboración.

El propósito de mi trabajo es reorganizar los espacios domésticos en nombre de la practicidad, pero no puedo hacerlo sin cumplir ciertos pasos esenciales a fin de conocer a la persona con la que me relaciono. Mi cliente y yo nos disponemos a recorrer un camino: por eso, para mí el primer paso fundamental es estudiar el espacio en el que me encuentro, para adquirir la mayor cantidad de información posible.

Una vez dentro de la casa, lo primero que hago es mirar la biblioteca, que no solo es mi lugar del corazón, sino también el que me permite captar muchas características de la persona que tengo delante. En algunas casas, la biblioteca queda relegada a un rincón; en otra, ocupa paredes enteras. Pero en todos los casos, la biblioteca se convierte, sin que nos demos cuenta, en el espejo de nuestra personalidad. Es un espacio que les habla a los demás de nosotros; por eso me detengo en los títulos, para adivinar aficiones o intereses. En definitiva, para crear una especie de identikit: si atesora en sus estantes novelas de amor o de aventuras es una persona más bien romántica; si es un amante de las novelas policiacas, es probable que sea una persona misteriosa y reservada.

Mientras paseo la mirada entre los libros, también echo un vistazo a las fotografías y a los cuadros colgados en las paredes, a las personas que retratan, y presto atención a su disposición. Observo todos los objetos a mi alrededor; por ejemplo, si en las estanterías veo pequeños souvenirs o recuerdos de lugares lejanos, mi cliente probablemente es una persona dinámica, a la que le gusta viajar; si detrás del sofá de la sala de estar veo asomar plantas decorativas, es probable que esa persona tenga «manos verdes» o ame la naturaleza. Me convierto en una espectadora silenciosa de las vidas de aquellos con los que me encuentro: cada objeto, de hecho, habla de recuerdos y experiencias; en una palabra, de la vida personal.

Mientras que espacios como el salón o la biblioteca permiten a quienes entran por primera vez a la casa ojear —como ocurre con las páginas de un libro— la historia de quien la habita, la situación es diferente en cuanto a las habitaciones, en especial a los armarios.

Si nos paramos a pensar que, según el imaginario colectivo, el armario es el lugar donde guardamos nuestros secretos —allí se ocultan los famosos «esqueletos»—, nos damos cuenta de que a nivel más o menos inconsciente, el armario es el primer lugar en el que solemos ocultar lo que no nos gusta o que no usamos. Por eso, antes de llegar al dormitorio y rebuscar en los cajones de la cómoda, antes de descubrir los pequeños recuerdos en el cajón de la mesita de noche o de hurgar en la ropa de épocas pasadas, es preciso crear una relación de confianza con el cliente. En resumen, para mí es esencial familiarizarme con la historia de la persona que tengo delante, y el espacio de la casa me ayuda mucho en ese sentido.

Sin embargo, no todos están dispuestos a abrirse inmediatamente, a dejarse llevar, a hablar de sí mismos en presencia de un extraño. Algunas personas me ven como una coach personal, otros como una confidente; por otro lado están los que prefieren mantener un perfil bajo y los noto más distantes y reservados. En cualquier caso, dejo que sea su espacio el que me hable desde el principio, que la historia de mis clientes me llegue a través de una fotografía en la mesilla de noche, de un pequeño amuleto de cerámica en el cajón de la ropa blanca, o de la costumbre de guardar un calcetín al derecho y el otro al revés. A propósito, después de pasar unos años en Italia me di cuenta de que es una costumbre popular para protegerse del mal de ojo y de las malas lenguas.

En resumen, el dormitorio revela toda una serie de hábitos personales, a través de talismanes y amuletos de la suerte que revelan tanto tradiciones ancestrales de raíz folclórica como antídotos personales para los pequeños y grandes traumas cotidianos.

Como decía, es difícil entrar en la vida de las personas, pero al observar los espacios que habitan, al mirar a mi alrededor y escuchar sus historias y anécdotas, puedo crear un vínculo. Esa es la piedra angular de mi trabajo: comprender a la persona que tengo delante, no solo para conocer sus intenciones y aspiraciones, sino también para anticiparme a ellas, para «subir el listón» como se suele decir. Ir más allá de las expectativas, las mías y las del cliente.

Es a través de la observación como aprendemos. Un ejemplo significativo es un episodio que ocurrió cuando todavía trabajaba en París, en el sector de la moda. En esa época, me ocupaba de los intereses de algunos clientes estadounidenses, que cuando venían a la ciudad de la luz a menudo me pedían sugerencias sobre dónde comer. Me gustaba, y todavía me gusta, recomendar lugares que considero apropiados para el cliente y sus gustos, para cada ocasión

—como un almuerzo de negocios, una cena con colegas o una celebración especial. Es decir, no me limitaba a proponer un restaurante al azar, porque siempre había «estudiado» un poco a la persona y tenido en cuenta la ocasión. Aunque se tratara de clientes a los que acababa de conocer, una mirada atenta y algunas preguntas me eran suficientes para recomendarles el lugar adecuado para una agradable velada regada con un buen vino añejo.

El espíritu de observación es la base del *omotenashi*, porque permite conocer en la mayor medida posible la personalidad de un cliente y, en consecuencia, el objetivo que espera alcanzar.

Un método que utilizo —y que a través de los años he ido perfeccionando— proviene de una vieja costumbre ligada a mis anteriores experiencias en el ámbito creativo de la moda y del cine: los *moodboards*. Estos «paneles de tendencias» son una herramienta visual que representa a través de imágenes y frases clave a la persona que tengo frente a mí: el estado de ánimo, las actitudes, el estilo de las prendas y de los accesorios. Incluso ahora, cada vez que conozco a un nuevo cliente, imagino una especie de *moodboard* mental y trato de identificarme con él, para comprender mejor su personalidad y sus expectativas.

Estos son solo dos de los muchos ejemplos que me hacen pensar en lo esencial que resulta la filosofía del *omotenashi* para aprender a anticipar las necesidades de los demás: estar preparados para sorprender a los invitados demostrando conocer sus necesidades, recibiéndolos con placer y *savoir-faire*. He aprendido que siempre podré superar las expectativas, si me dejo guiar por el instinto y el amor por los detalles.

El detalle que marca la diferencia

Gracias a mi trabajo me he dado cuenta de la importancia de la atención al detalle. Para los japoneses, el cuidado de los detalles es una verdadera vocación; es lo que distingue una buena idea de otra que, en cambio, es el resultado de un camino único y personalizado, literalmente «hecho a medida» del cliente.

Hoy, más que nunca, la gente espera experiencias personalizadas, construidas sobre historias individuales. En otras palabras, la esencia del *omotenashi* se alcanza solo si el valor de la experiencia se basa en las necesidades, expectativas y deseos de las personas. Los japoneses lo han convertido en una constante, cuyo origen se remonta a diversos aspectos de su cultura, desde los más tradicionales hasta los más contemporáneos. Desde la mítica figura de las geishas —que a través de la música, la danza, las canciones y los poemas refrescaban el alma de los viajeros y entretenían a los invitados importantes en las casas de té— hasta las empresas modernas que convierten la simple atención al detalle en una búsqueda de lo extraordinario, para las que seguir y apoyar al cliente en cada aspecto de su experiencia es parte integrante de la relación, acompañándole en todo el recorrido: antes, durante y después de la compra.

En el mundo de la hostelería, especialmente cuando se habla de lujo, es precisamente el detalle lo que marca la diferencia. Las personas interactúan, se comunican y compran no solo influidas por mensajes publicitarios, sino condicionadas por las experiencias en la interacción con las marcas. Estas interacciones generan —a un nivel más o menos inconsciente— impresiones sensoriales y emocionales.

¿Alguna vez habéis vuelto a comprar el mismo tipo de detergente para la ropa exclusivamente por su perfume? ¿O habéis pedido siempre la misma tarta en la pastelería porque os recordaba mucho a la que preparaba vuestra abuela?

Estos son ejemplos triviales que forman parte de nuestra vida diaria, pero que son valiosos para comprender cómo para todos —clientes, marcas y empresas— la atención al detalle se ha convertido en una ley que debe ser observada de forma escrupulosa. Este proceso, que une al productor con el consumidor y viceversa, se basa en la escucha de lo que espera el cliente. Y cuando finalmente podemos decir que nos hemos ganado su confianza, necesitaremos saber cómo conservarla, para que siga demostrando su preferencia por la empresa.

El *omotenashi* es poner siempre al huésped en el centro, expresarle gratitud y seguir ofreciéndole solo lo mejor, para garantizarle la felicidad.

El peso específico de la felicidad

Del mismo modo, cuando estoy en medio de una intensa sesión de limpieza, no puedo dejar de tener en cuenta lo que representan los detalles para las personas para las que trabajo, el valor emocional de todos y cada uno de los objetos. La prioridad en mi trabajo es encontrar una organización que pueda adaptarse una y otra vez a los espacios de los clientes, pero lo que más importa es comprender sus necesidades y descubrir el papel esencial de ciertos objetos en sus vidas, porque los hacen felices.

Está claro que el propósito de mi tarea es práctico y no estético: el resultado debe ser funcional, y no solo agradable a la vista. Es un objetivo que apunta a mejorar y facilitar la vida, pero mi «misión» va más allá: además de la comodidad que proporciona la organización, hay otras consecuencias a largo plazo que afectan el bienestar de mis clientes.

No olvidemos que ordenar nuestra casa o nuestro armario también significa poner en orden nuestra propia vida. Las personas tendemos a comprar, y por tanto a acumular mucha ropa, muchos objetos; la mayoría de ellos, tarde o temprano, se convierten en recuerdos de los que es difícil separarse, incluso si ya no tienen ninguna utilidad real. Por consiguiente, el objetivo fundamental no es solo práctico —reorganizar un armario o una cocina—, sino también ayudar al cliente a encarar el bagaje emocional que llevan consigo sus efectos personales.

Si poseemos demasiadas cosas, poco a poco se apoderan de nuestros espacios: no solo abarrotan los armarios, las estanterías, las repisas y los cajones, sino también nuestra vida. Por eso, cuando encaro un armario por primera vez, para empezar lo vacío por completo a fin de cuantificar el espacio que ocupan los objetos. Pequeñas estrategias, como utilizar cajas de colores o recipientes de líneas depuradas, son los detalles que marcan la diferencia y que garantizan espacios —y ánimos— siempre limpios y ordenados. Una reorganización a medida, basada en los requerimientos de los clientes, a menudo permite crear espacios perfectamente funcionales y bien estructurados.

Para muchos es un proceso agotador, incluso desde el punto de vista emocional. Cuando veo que para un cliente es difícil separarse de los objetos, mi sugerencia es dejarlo todo a la vista por un tiempo; la cantidad de tiempo es variable, porque cada persona necesita un lapso diferente para «procesar» sus pertenencias. Pero solo así podrá evaluar si se trata de cosas realmente importantes.

Es evidente que su participación es fundamental para despejar el espacio. Cuando el cliente reconoce la importancia de esta fase, aprende a obtener espacios más organizados y en consecuencia a vivir una vida más ordenada, sin acumular cosas innecesarias.

Es así como la experiencia del *omotenashi*, basada en las necesidades, expectativas y deseos de las personas, nos lleva a dar un paso más. Otra enseñanza que atesoramos —después de la primera, que resalta la importancia del estudio y la observación— es saber escuchar las peticiones del cliente; dejemos que nos inspiren, porque del diálogo nacen las mejores ideas. Aunque estas peticiones sean diferentes según las necesidades, mi intención es siempre la misma: crear espacios que reflejen la personalidad de quienes los habitan. Ordenar con un criterio específico, en función de los requisitos del cliente, para crear los entornos que mejor se adapten a cada necesidad. En última instancia, personalizar la experiencia para ofrecer un resultado de nivel superior.

Como hemos visto, el *omotenashi* incluye la atención al detalle, con el fin de crear experiencias únicas. La determinación de ofrecer una acogida absolutamente personal expresa una elevada consideración hacia el huésped, haciéndolo sentir importante y apreciado.

Debemos tener presente que la atención al detalle no debe confundirse con la superficialidad. Al contrario, esta es la esencia misma de la filosofía del *omotenashi*: crear emociones que permanecerán en nuestros corazones para siempre. No exagero si digo que el *omotenashi* es un concepto muy cercano a la felicidad; cuando nos relacionamos de esta forma con las personas que nos rodean —dedicándole un simple y espontáneo gesto de agradecimiento, una sonrisa, una nota o un mensaje que le llegará en el momento oportuno—, nos sentimos amados y próximos.

Volviendo a mi actividad como organizadora, en el hogar y en los espacios interiores en general, los detalles que parecen insignificantes son en realidad fundamentales para crear un entorno de orden y limpieza, sobre el que construir un sentimiento de satisfacción y de bienestar, que devuelve el buen humor a quien habita esos espacios.

La importancia de los detalles se torna evidente. Por pequeños que éstos sean, su peculiaridad los vuelve poderosos, capaces de revertir situaciones y marcar la diferencia, para bien o para mal.

Tras haber pasado algún tiempo en Japón, pude vivir el *omotenashi* en mi propia piel, todos los días. Desde los palillos colocados cuidadosamente y todos a la misma distancia en las mesas de los restaurantes hasta las sonrisas de los taxistas que bajan del coche para abrir y cerrar la puerta a los pasajeros. Sin embargo, es en las tiendas y los centros comerciales donde es posible experimentar la máxima expresión del *omotenashi*, cuando el personal se inclina ante cada cliente que cruza el umbral. ¡Un rito ceremonial en toda regla!

Entro en una tienda de ropa y recorro con la mirada las prendas expuestas. Encuentro una que me gusta, y le digo a la vendedora que me gustaría probármela. Ella, con gracia y gentileza, no solo asiente con la cabeza, sino que incluso me entrega una funda desechable para evitar que el maquillaje ensucie la tela.

Omotenashi, siempre y en toda situación, con sol o con lluvia. En la entrada de todo local público y comercial hay máquinas especiales en las que se inserta el paraguas y se extrae cubierto por una especie de funda de plástico, para evitar que las gotas de agua caigan al suelo y lo tornen resbaladizo.

Pese a que en las tiendas y oficinas, un cierto nivel (mínimo) de orden e higiene se dan casi por sentados, uno no esperaría lo mismo de las estaciones de metro y de tren, que en cambio sorprenden por la extrema limpieza y la diligencia del personal. No hay mancha que escape a su atención, desde el suelo hasta los bancos de espera y las paredes. Por no hablar de los convoyes, muy limpios y fragantes, que garantizan eficiencia y puntualidad; el ritmo de vida en Japón es veloz, pero esto no significa renunciar a altos estándares de limpieza y elevados niveles de calidad. Un servicio siempre atento y funcional, estudiado hasta el más mínimo detalle para satisfacer las necesidades de todos y no obstaculizar a nadie, desde quienes lo utilizan de forma cotidiana hasta los turistas y otros viajeros, incluyendo los que van en silla de ruedas, que cuentan con espacios *ad hoc* y personal especialmente capacitado para garantizar su comodidad.

En resumen, el *omotenashi* está presente en la cultura, los hábitos y las costumbres japonesas, en todos los aspectos de la vida diaria, porque en la tierra del Sol Naciente la bienvenida y la hospitalidad siempre son lo primero.

Si profundizamos en este concepto clave de la cultura japonesa podremos entender por qué el servicio japonés es el mejor del mundo, un servicio que se presta sin esperar nada a cambio. La gracia, la cortesía, el trato amable y sumamente cordial de los habitantes de este país ponen de relieve, una vez más, la importancia fundamental de promover la armonía en la relación con los demás. Así como en la acogida y la hospitalidad hacia el prójimo reside la satisfacción personal de actuar de la mejor manera, en el *omotenashi* se halla la quintaesencia de la felicidad.

9

Shinrin-yoku:

Anclados a la tierra, fuera del espacio y del tiempo

Shinrin-yoku: Anclados a la tierra, fuera del espacio y del tiempo. Shinrin-yoku (que podría traducirse como «aprovechar la atmósfera del bosque» o «baño de bosque») es una terapia de bienestar especial que consiste en buscar un lugar tranquilo para estar entre los árboles a fin de recuperar el contacto con la naturaleza.

SHINRIN-YOKU

Anclados a la tierra, fuera del espacio y del tiempo

Funaoka-Onsen
35°2'12.84"N 135°44'40.56"E

El sol se eleva lentamente por encima de la línea infinita del horizonte, inflama de naranja el cielo y tiñe de rosa los contornos de las nubes, confiriendo al paisaje los resplandores de una pintura impresionista. Mientras tanto, los rayos corren a través de la llanura recubierta de hierba para luego, uno tras otro, internarse en el bosque y expulsar de su suelo las sombras más oscuras. Iluminan los árboles, las hojas y cada brizna de hierba que encuentran en su camino, disipan la niebla lechosa que se demora entre las rocas. Despiertan a los habitantes del bosque con su cadencia y calientan la piedra gris que el tiempo ha revestido de musgo y líquenes. El avance dc los rayos trae consigo el aliento de la vida: el viento se apresura a agitar las frondas de los imponentes cedros. Se arrastra por las ramas, acaricia las cortezas, revive las flores.

Parece un sueño. Inhalo y exhalo profundamente. Miro a mi alrededor y solo ahora comprendo el verdadero significado de lo que los japoneses llaman *shinrin-yoku*, la antigua práctica del «baño de bosque».

Desde la más remota antigüedad, como hemos visto, la cultura de este país está imbuida de un profundo respeto por la naturaleza.

Está en el sol, en la tierra, en el agua, en las montañas, en las ráfagas de viento y en los árboles, en los que los antiguos habitantes de Japón adivinaban una energía espiritual, un soplo vital que atraviesa y anima todos los elementos naturales: los así llamados *kami*.

Para el budismo y el sintoísmo —ambas, religiones oficiales de Japón— es en el bosque donde se sitúa el reino de las deidades. Para el budismo, la naturaleza es un auténtico texto sagrado, mientras que según el sintoísmo en ella residen los espíritus divinos —los *kami*, precisamente— que están en todas las criaturas, incluidos los árboles. En la naturaleza hay muchos *kami*, y se encuentran en todas partes; dada su presencia, los bosques mismos constituyen lugares de culto.

Según los antiguos habitantes de Japón, los *kami* actúan sobre nosotros, estimulando el contacto con la naturaleza a través de todos los sentidos, invitándonos a sumergirnos en el paisaje que nos rodea y poner en práctica, finalmente, el arte del *shinrin-yoku*.

Es fundamental ser consciente que no se trata de un simple paseo: *shinrin* significa «bosque», mientras que *yoku* es «baño»; *shinrin-yoku*, por lo tanto, significa sumergirse totalmente en la atmósfera del bosque y disfrutar de la experiencia a través de los cinco sentidos. Dicho así, puede parecer una variante del *jogging* o una forma de ejercicio físico, pero en realidad consiste en entrar en contacto con la naturaleza, en conectarse con ella mediante sensaciones físicas y emocionales.

La esencia de esta actividad es estar en armonía con los elementos, restableciendo el contacto con el mundo a través de los sentidos. Con *shinrin-yoku* es posible tomar conciencia de la realidad que nos rodea y establecer una conexión profunda con los lugares naturales capaces de regenerarnos, y que forman parte de nuestro patrimonio genético.

La idea de que el contacto con la naturaleza es una necesidad fisiológica del ser humano se ha dado en llamar «biofilia»; en sentido literal significa «pasión por la vida», y en su acepción más amplia designa un verdadero amor hacia la existencia. El biólogo estadounidense Edward O. Wilson, que teorizó este fenómeno en 1984, lo resume como la tendencia innata a centrar el propio interés en la vida y en los procesos vitales. Una actitud que es producto de nuestra evolución biológica, que ha determinado nuestra necesidad de mantener una conexión con la naturaleza. En pocas palabras, no podemos ignorar la llamada del entorno que nos acoge y que garantiza nuestra supervivencia. Quizás sea por eso que nos sentimos cómodos en espacios vírgenes: porque es en esos lugares donde hemos pasado la mayor parte de nuestra existencia como especie. Nuestro inconsciente es testigo de un vínculo ancestral que hunde sus raíces en la noche de los tiempos. Estamos genéticamente programados para amar la naturaleza, está escrito en nuestro ADN.

Me gusta pensar que fuimos creados para vivir en armonía con la naturaleza, y que mediante el *shinrin-yoku* tenemos la oportunidad de comprobar que vivir esta simbiosis aporta beneficios extraordinarios a nuestro equilibrio físico y mental, mientras que sufrimos cuando nos vemos privados de ella.

Cuando nos disponemos a practicar el *shinrin-yoku*, esta afinidad ancestral se vuelve evidente: está claro que el estrecho contacto con la naturaleza es fundamental para nuestra salud y nuestro bienestar físico.

Cuando nos hallamos en espacios cerrados, nuestras percepciones tienden a reducirse. Si lo pensamos, en la vida cotidiana rara vez ocurre que todos nuestros sentidos estén alerta. En cambio, cuando estamos fuera de casa nos volvemos más receptivos, nuestras sensaciones se amplifican. Para experimentar plenamente el *shinrin-yoku*, es esencial preparar los sentidos para vivir nuevas experiencias. Solo así será posible entrar en comunión con la naturaleza: apreciar el perfume de las flores, observar los colores de sus pétalos, descubrir las innumerables tonalidades del verde, disfrutar del aire puro y la caricia de la brisa, deleitarnos con el canto de los pájaros, sintiéndonos en todo momento parte del mundo natural.

Quizás nuestro paseo por el bosque no nos lleve muy lejos, pero al sumergirnos en la naturaleza, el *shinrin-yoku* nos reconducirá a lo más profundo de nuestro ser. Es el puente de oro que nos dirige hacia la esencia de las cosas, el impulso necesario para cerrar la brecha entre nosotros y el entorno natural, estimulando nuestros sentidos. Cuando estamos en armonía con la naturaleza, cuerpo y mente vuelven a estar en equilibrio y en perfecta sintonía con lo que nos rodea.

Vivir el bosque con los cinco sentidos

Hemos visto que el *shinrin-yoku* no es una forma de ejercicio ni una simple caminata. Es una experiencia en la que participan los cinco sentidos, entrenados para escuchar los sonidos del bosque, percibir sus aromas, apreciar los reflejos de luz y los matices de los colores, con la sensibilidad necesaria para establecer un contacto natural con las plantas y la tierra.

Por otro lado, dado que pasamos la mayor parte de la vida en el interior de nuestra casa, en la oficina, o en los medios de transporte, nuestros sentidos se embotan y acabamos confiando buena parte de nuestras percepciones a la vista. Si bien el efecto relajante y vigorizante de la naturaleza se atribuye principalmente a los estímulos visuales, estos no son suficientes para captar toda su belleza; la vista, de alguna manera, se impone sobre los olores y los sonidos. Pero ¿qué pasa si cerramos los ojos y tratamos de percibir la naturaleza con los otros sentidos?

Os invito a experimentarlo conmigo. En medio del bosque, por la mañana, huelo a mi alrededor el olor penetrante de la resina y el aroma fresco y balsámico de los cipreses. La sencilla fragancia de la hierba húmeda de rocío me devuelve la imagen de cuando era niña, cuando me bastaba con correr por el césped frente a mi casa para ser plenamente feliz.

Mientras tanto, el agua del arroyo que fluye a lo lejos crea la banda sonora perfecta de lo que parece un sueño habitado por elfos, hadas, ninfas, magos y espíritus del bosque. Ahora toca a los pájaros darle los buenos días al bosque, y mis oídos se llenan de música. Me dejo llevar por la melodía, convertida en protagonista de una historia fantástica: un pequeño elfo de los bosques, de esos con pantalones cortos de rayas rojas y verdes y sombrero puntiagudo.

Mientras la nariz y los oídos (y el corazón) se llenan de belleza, los pies permanecen en contacto con el suelo, ocupados en percibir la tierra que pisan. La tentación de quitarme los zapatos es fuerte... ¡casi lo hago! Una vez más, me imagino corriendo por el césped frente a mi casa, con la hierba recién cortada haciéndome cosquillas en las plantas de los pies, y el lino de mi falda acariciándome las pantorrillas.

Mis manos no quieren permanecer ajenas a las maravillas de la experiencia: con las yemas de los dedos, rozo la corteza arrugada de los cedros palpitantes de vida e imagino la savia que fluye entre las vetas de la madera; palpo el suave terciopelo de los pétalos de las prímulas, el musgo áspero e imperfecto que tapiza las rocas y las briznas de hierba rebeldes que se enredan entre sí.

Quizás haya llegado el momento de abrir los ojos para apropiarme definitivamente de toda esta belleza. Cuando miro hacia abajo veo algunas bayas rojas, redondas y jugosas: se ven tan apetitosas que casi se me hace la boca agua. Era el sentido que faltaba: el del gusto. Ahora sí puedo decir que he experimentado el bosque a través de los cinco sentidos.

Me quedaré aquí un poco más, con el viento fresco acariciándome las mejillas, llenándome los pulmones de olor a resina y flores, escuchando el susurro de las hojas y observando los hilos iridiscentes de las telarañas tendidos entre una rama y otra.

Redescubrirnos a través del baño de bosque

Durante milenios hemos vivido en estrecho contacto con la naturaleza, pero en los últimos siglos los inventos científicos y tecnológicos han hecho nuestra vida cada vez más cómoda, con la consecuencia inevitable de alejarnos de nuestros orígenes, es decir, del mundo natural.

El cada vez más desenfrenado fenómeno de la urbanización está generando un efecto dramático, sumiéndonos tanto a los seres humanos como al espacio en el que vivimos en un estado de permanente estrés. El apremiante grito de alarma del planeta pone de relieve cómo nuestro bienestar depende del entorno en el que vivimos; es obvio y evidente, pero no nos damos por enterados.

Los humanos estamos colapsados; nuestros biorritmos ya no están regulados por la alternancia de estaciones y ciclos naturales, sino por los compromisos, los calendarios y las múltiples actividades que cada uno de nosotros realiza día a día. Estamos tan acostumbrados a correr para no llegar tarde a la próxima cita, al ruido del tráfico, a saltar del tren al metro, a los pitidos con los que las agendas marcan nuestros días, que nos hemos olvidado de nuestros orígenes. No nacimos para vivir en junglas de cemento, aturdidos por el estruendo de los motores. Hemos sido despojados de nuestra autenticidad y privados de nuestra identidad; olvidamos nuestro instinto y el vínculo primordial que nos une a la naturaleza.

El *shinrin-yoku* es un arte milenario que responde a los problemas de nuestro tiempo; una forma eficaz de tratar el cansancio, el estrés, la depresión, la apatía, todos ellos trastornos provocados por la exposición a ritmos cada vez más frenéticos. Es un regreso a los orígenes con múltiples efectos positivos, útiles para ayudarnos a definir la percepción de nosotros mismos dentro del sistema en el que vivimos, para mejorar el estado de ánimo, refrescar el espíritu y fortalecer el sistema inmunológico.

Los beneficios son numerosos y de muchos tipos: psicológicos, como la reducción de la fatiga mental; fisiológicos, como una recuperación más rápida de una enfermedad o trauma; sociales, como la disminución de la agresividad, y cognitivos, como el aumento de la calma y la concentración. En resumen, es un poco como volver a casa por la noche después de un día ajetreado, y finalmente reencontrar la tranquilidad, liberar la mente del peso de las preocupaciones y sentirnos bien en el espacio que habitamos.

El *shinrin-yoku* es la luz que señala el final del túnel de la alienación, un ejercicio que nos restituye ese momento a solas con nosotros mismos, un abrazo que nos lleva más allá del espacio y del tiempo. No en vano, para ponerlo en práctica en plenitud, los expertos nos recomiendan dejar el reloj en casa y desligarnos del teléfono móvil, del correo electrónico y de las redes sociales.

El aumento de la urbanización se ha vuelto tan acelerado que —al menos en los países occidentales— es difícil encontrar un bosque real. No es sorprendente que el *shinrin-yoku* haya nacido en Japón: esta es una civilización que —pese a sus constantes innovaciones tecnológicas, a su sociedad altamente industrializada, al impulso expansionista de la economía y al uso de la energía nuclear— vive en un estado de total adhesión a la naturaleza y es la portavoz de una política de preservación ambiental sin precedentes. De hecho, no es raro encontrar jardines y espacios verdes entre los imponentes edificios ultramodernos; incluso los propios edificios y rascacielos se convierten en parte integrante del paisaje natural. Esto sucede, por ejemplo, en ciudades ultramodernas como Tokio, donde grandes parques conviven en sorprendente armonía con el vidrio y el cemento.

Toshio suele decir que la cultura y la filosofía de este país están inspiradas en los bosques, y que sus habitantes procuran llevar un estilo de vida respetuoso y equilibrado. Dos tercios de Japón todavía están cubiertos de bosques; si bien es uno de los países más poblados del mundo, también es uno de los más verdes, con una enorme variedad de especies vegetales. Cuando se sobrevuela el archipiélago japonés, la vista es impresionante: una mancha verde cubre casi el 67 por ciento de la superficie; la mayoría de los bosques, además, son fruto de la intervención humana. Al norte encontramos el bosque subártico de la isla de Hokkaido; al sur, el bosque subtropical de Okinawa, y en medio los Alpes Japoneses, que se asemejan a la espalda de un dragón, con montañas cubiertas por kilómetros cuadrados de bosque.

Una historia que forma parte de la obra épica de los *Anales* de Japón narra el origen de los bosques: es la antigua leyenda del dios de las tormentas y huracanes Susanoo-no-Mikoto, quien un día decidió quitarse un pelo de la barba y convertirlo en un cedro. Luego hizo lo mismo con un pelo de su pecho, convirtiéndolo en un ciprés, y con otro de la nalga para convertirlo en un pino negro; finalmente, con una de sus pestañas obtuvo una planta de laurel. A continuación ordenó a sus tres hijos, el príncipe Itakeru-no-Mikoto y las princesas Ohyatsu y Tsumatsu, que esparcieran esas variedades de árboles para cubrir de verde todo el territorio de Japón.

De hecho, el frondoso archipiélago japonés no tiene rival en términos de densidad forestal: las únicas naciones de Europa de tamaño similar que pueden presumir del número de árboles que poseen son Suecia —aunque es un poco más grande— y Finlandia, pero son países que no pueden competir con Japón en términos de densidad de población.

En cualquier caso, para practicar el *shinrin-yoku* no es necesario viajar a la tierra del Sol Naciente: un bosque cerca de la ciudad o incluso un bonito parque urbano son suficientes.

Todo el mundo debería poder acceder a un entorno verde, a un oasis de paz en el que refugiarse del frenesí de la vida cotidiana, un lugar donde no llegan los ruidos ensordecedores de la ciudad, como si formara parte de otra dimensión; un lugar en el que restablecer una conexión profunda con la Madre Tierra. Es extremadamente saludable, y ayuda a reducir la ansiedad de la vida cotidiana.

Un número cada vez mayor de personas reconoce la importancia de una relación sana entre el hombre y la naturaleza, tanto para el bienestar de la humanidad como del planeta. Ante fenómenos como el calentamiento global, el efecto invernadero y la subida del nivel del mar, la práctica del *shinrin-yoku* se erige como una respuesta silenciosa pero obstinada, que desde Japón se ha extendido a otros países, incluyendo los de Occidente.

En California, por ejemplo, nació la práctica del *tree hugging*, el abrazo a los árboles, que luego se extendió por todo el continente americano. Actividades similares se practican tanto en China como en Corea.

En Europa, el *shinrin-yoku* aún no está muy extendido: Francia e Inglaterra son los países en los que esta terapia es más conocida. Sin embargo, de Oriente a Occidente, el mensaje es cada vez más claro: es hora de detenernos y redescubrir el valor de un vínculo ancestral, el que tenemos con nuestro componente natural.

Los científicos estadounidenses también coinciden en identificar múltiples beneficios en el complejo sistema de sinergias entre la naturaleza y el organismo humano, efecto que identifican con el término «vitamina G», en el que la G viene de *green*, que significa verde. En definitiva, son distintas formas de indicar lo mismo. En los últimos años ha aumentado el número de deportes que han dejado los gimnasios y ahora se realizan al aire libre para redescubrir la conexión con la naturaleza. Basta pensar en correr, o en disciplinas como el yoga o el *animal flow* —una gimnasia que imita los movimientos fluidos y espontáneos de los animales, como los gatos o los monos—, ejercicios que liberan los instintos y despiertan los sentidos, para devolver el cuerpo y la mente a una condición primordial.

Los árboles sagrados de la tierra del Sol Naciente

No hace mucho, antes de partir para este viaje, mi viejo amigo Toshio me dijo que en este país «los árboles son ante todo un sentimiento».

Solo entendí lo que quería decir cuando me encontré en presencia de estos gigantes buenos.

Si pensamos en las palabras árbol y Japón, lo primero que nos viene a la mente son los bonsáis, unas maravillosas y cuidadas miniaturas botánicas. Sin embargo, si nos detenemos a pensar en grande, más precisamente en los bosques y las selvas japoneses, nos damos cuenta de que no sabemos mucho de ellos. Aparte de algunas fotos de los ya célebres cerezos, no tenemos idea de cuáles son las variedades de árboles más comunes en Japón.

Para saber la respuesta, es necesario dejarnos llevar por el vigorizante fluir del bosque, perdernos caminando entre los centenarios ejemplares de ginkgo biloba y dejarnos fascinar por los bosques de bambúes. Se me ocurre que los sacerdotes sintoístas tienen razón cuando dicen que todos los árboles tienen alma, y por eso los veneran como si fueran entidades divinas.

Ante los gigantescos troncos, las copas que alcanzan alturas titánicas y los infinitos kilómetros de bosques, me siento sumamente pequeña. No obstante, el deseo de ser como ellos, de formar parte del fantástico mundo que habitan, se hace cada vez más fuerte.

Los *sugi* son la manifestación más antigua de lo divino: se dice que los cedros japoneses se encuentran entre las encarnaciones más fascinantes de los *kami*. No es casualidad que sea el árbol nacional de este país. El *sugi*, cuyo nombre parece derivar de la expresión japonesa «árbol perfectamente recto», puede alcanzar diez metros de circunferencia y cuarenta de altura, y su esperanza de vida puede superar los mil años.

Algunos ejemplares muy antiguos y especiales, con sus follajes y troncos milenarios, son considerados testigos de épocas históricas y por ello forman parte del patrimonio de la humanidad, protegido por la Unesco. El mejor ejemplo es el Jomon Sugi, el gigante ultramilenario —descubierto en la isla de Yakushima en 1968, a 135 metros sobre el nivel del mar—, que se ha ganado el título de *yakusugi*, reservado exclusivamente para los árboles de Yakushima que tienen más de mil años de edad. De hecho, existen varias teorías sobre su edad, y hablan de 2.170 a 7.200 años.

Sin embargo, los *sugi* no son los únicos árboles icónicos de esta tierra: quizás el símbolo más representativo de Japón, que ha entrado en nuestro imaginario colectivo, sea el impagable espectáculo de la *sakura*, los famosos cerezos en flor.

Como ya hemos visto, en abril, en los albores de la primavera, de las áridas ramas brotan hermosos capullos de color rosa pálido que poco a poco se convierten en las flores más bellas de la naturaleza, símbolo de vitalidad, esperanza y coraje.

En la cultura japonesa, la *sakura* —pequeña pero a la vez maravillosa— se entiende, en su fugaz existencia, como una metáfora de la existencia humana. Una invitación no solo a celebrar el renacimiento de la naturaleza, traída por el viento primaveral, sino sobre todo a estar agradecidos por aquellas cosas, quizás incluso humildes pero de vital importancia, que nos regala nuestra existencia: la sonrisa de un niño, la magia de naturaleza, el amor de la familia; de allí la costumbre de rodearse de seres queridos durante el período de floración.

El simbolismo de la flor de cerezo no termina aquí. Una máxima poco conocida relacionada con estos hermosos árboles dice: «La suerte te ayuda cuando florece la *sakura*». Un dicho que, en sentido amplio, resalta la realidad efímera de las cosas, junto con el *mono no aware* o la fuerte participación emocional respecto de la naturaleza; como veremos, es un concepto multifacético que subraya el sentimiento de asombro y exaltación ante la belleza natural, al tiempo que revela una sutil melancolía provocada por su fugacidad. Tanto es así que, solo un mes después de la floración, solo queda el recuerdo de las espléndidas corolas rosas. Y aquí es donde se oculta el simbolismo: si las cosas bellas fueran eternas no podríamos apreciar su particularidad, ya que seguramente perderían buena parte de su magia.

Pero no desesperemos, porque en los bosques nipones es posible captar la belleza en cada estación y en cada rincón, incluso en esas hojas en forma de aguja, de color verde dorado, y esa corteza rugosa, casi escamosa, que va del marrón al rojizo. Me refiero a los *hinoki*, los cipreses. Si bien por su apariencia no resultarían finalistas de un concurso de belleza de árboles, los *hinoki* tienen un poder secreto. Basta con acercarse a ellos para comprender de qué se trata. Al instante, nuestras fosas nasales percibirán un delicioso aroma, dulce y relajante, suficiente para hacernos sentir de nuevo parte de la naturaleza. Son árboles ligeramente más pequeños que los cedros y pueden alcanzar los 35 metros de altura. Además de su perfume característico, tienen otra cualidad: su madera es una de las más valiosas, ya que no se pudre, y suele utilizarse para construir templos y santuarios.

Entre los árboles más importantes está también el arce palmado o arce japonés, el *momiji*. Su nombre significa tanto «manos de bebé» como «hojas carmesí». Es el protagonista absoluto del otoño japonés. Es en esta época cuando sus hojas son más bonitas, antes de caer con la llegada del invierno. Son muchas las personas, japonesas y no japonesas, que acuden en masa de todo el mundo para practicar la *momijigari*: la caza de las hojas rojas, una tradición típica del otoño por la que Kioto se ha convertido en uno de los destinos más preciados.

En otoño, el *shinrin-yoku* nos regala múltiples tonalidades, que van desde el rojo de los arces hasta el amarillo del majestuoso follaje del ginkgo biloba, otra de las especies más representativas de Japón pese a ser originaria de China. Aunque el nombre significa «albaricoque de plata», es su copa dorada la que más atrae la mirada. Descubrir el ginkgo entre otros árboles es especialmente emocionante, porque son muy raros y por ello están revestidos de un aura de sacralidad. Al ginkgo se le atribuyen diversos significados metafóricos y representa la esperanza, la longevidad y la inmutabilidad de las cosas. Esta interpretación particular está respaldada por la historia de los seis especímenes de ginkgo que sobrevivieron a la radiación producida por la bomba atómica lanzada sobre Hiroshima: los seis árboles aún gozan de buena salud y se encuentran en el jardín Shukkei-en, señalados con una placa.

El ginkgo es un árbol extraordinariamente longevo, que ha acabado por convertirse en emblemático, al igual que sus típicas hojas en forma de abanico: no solo ha sido adoptado oficialmente como símbolo de la ciudad de Tokio, sino que no es raro ver la imagen de la hoja en las calles de la capital, en los muros y en el transporte público.

La última planta que podemos encontrar durante nuestra inmersión en el bosque no es un árbol, sino una hierba espontánea importada de China hace siglos. Una planta escenográfica en todas las estaciones: los tallos, de infinitas tonalidades de verde, dejan que los rayos del sol se filtren creando sugerentes juegos de luces. Acariciados por el viento, estos tallos se rozan entre ellos creando una suerte de melodía, de ruido blanco que invade todo el bosque y que invita al descanso y a la concentración.

El bambú, que a pesar de su tallo delgado resiste sin inmutarse tanto las olas de calor del verano como el frío intenso, está vinculado a la perseverancia y la resistencia. Durante una de nuestras charlas, Toshio me contó una antigua fábula japonesa que habla de dos agricultores que, en un tiempo lejano, paseaban por el mercado y se sintieron atraídos por unas semillas de forma insólita. El vendedor les dijo de que se trataba de una planta muy especial, por lo que los dos, convencidos y esperanzados, las compraron. Regresaron a su tierra, sembraron las semillas, las regaron y las fertilizaron, pero tardaron mucho en germinar.

Uno de los dos granjeros se rindió de inmediato. El otro, en cambio, siguió cuidando las pequeñas plantas durante siete años. Con el paso del tiempo, el hombre se fue desanimando, pero justo cuando parecía haber perdido la esperanza, se dio cuenta, para su sorpresa, de que el bambú finalmente había crecido. Es una leyenda que nos enseña a no rendirnos ante una dificultad o un imprevisto: es preciso perseverar para obtener resultados duraderos y satisfactorios.

En definitiva, la razón por la que los árboles en Japón son algo sagrado ya no es un misterio. Son las moradas de los *kami*, y por ello son adorados y respetados; derribarlos acarrea la deshonra y otras desgracias. Por ese motivo, los japoneses les dedican mucho cuidado y atención: los acarician, los abrazan y les agradecen, esperando obtener a cambio longevidad y buena suerte. No es casual encontrar extraordinarios ejemplares silenciosos —a veces, esculturas milenarias— custodiando los templos y santuarios sintoístas, a los que se les dedican ofrendas y oraciones.

Acabo mi jornada en uno de los *onsen* más antiguos de Kioto, el Funaoka. Y me sorprende ver cómo estos baños termales públicos, que forman parte de la vida cotidiana japonesa, en realidad encierran todo el significado del *shinrin-yoku*. Mientras un lado de la habitación está decorado con una gran vista del monte Fujiyama y los bosques circundantes, en el otro hay una pequeña puerta que se abre a una también pequeña habitación en el exterior: un minúsculo jardín de rocas y musgo, con un estanque coronado por un antiguo bonsai de pino. Es otro de los secretos de Kioto, un *tsubo-niwa* («jardín en una botella»), un trozo de bosque transportado a la pequeña *machiya* tradicional de la ciudad, para ser olido y observado a través de las numerosas aberturas dispuestas en las paredes.

10
花咲

Hanasaki:
El arte japonés de vivir más tiempo

Hanasaki: El arte japonés de vivir más tiempo. Hanasaki es una palabra compuesta por hana («flor») y saki («que florece»). La base de este principio es el deseo de permitir que florezca la mejor versión de nosotros mismos, para así vivir más tiempo.

花咲

HANASAKI

El arte japonés de vivir más tiempo

Minami-za
35°00′12.6″N 135°46′20.9″E

La invitación de Toshio para acompañarlo a una actuación de *kabuki* no me entusiasma pero la acepto, aunque solo sea para entrar en el histórico Minami-za. Geishas con sus mejores galas se sientan en los palcos que rodean la sala del teatro, y refinadas señoras de la alta sociedad se aglomeran en el atrio, intercambiando comentarios mordaces con la mejor de las sonrisas. Para mi sorpresa, al comenzar la obra me doy cuenta de que el *tachiyaku* que interpreta el actor no tiene nada que ver con lo que recordaba de mi niñez. De hecho, es marcial, viril, fascinante. Al final del espectáculo, Toshio me informa que el actor, al que yo había atribuido unos treinta o treinta y cinco años de edad, es Nakamura Kichiemon, de más de setenta, el Tesoro Nacional Viviente: un apodo que los japoneses dedican a las personalidades que se distinguen por la difusión de su cultura, y que suele estar reservado para músicos, actores y artistas en general.

Media hora más tarde, entramos en un *izakaya* cercano y el propio Kichiemon, al que minutos antes vi actuar en un escenario, como si formara parte de otro universo, está sentado a poca distancia. Despojado del maquillaje, del vestuario y de la peluca, tiene el aire de un

Sean Connery japonés, un caballero cuarentón capaz de desarmarte con la más imperceptible de las sonrisas.

El paso del tiempo adquiere valores completamente distintos para nosotros en función del período de la vida en el que nos encontramos. Cuando somos niños, nos fascina el mundo de los adultos y sus privilegios, esas cosas que solo están permitidas después de cierto umbral de edad, que miramos con deseo a lo largo de la infancia y la adolescencia. El café, las palabrotas, el vino en la mesa, la independencia: todo forma parte del paquete «edad adulta». Cuando nos animábamos a confesar el deseo de acelerar el tiempo y llegar al estado en el que todo está permitido, nunca faltaban quienes nos reprocharan nuestra ingenuidad: «¡Verás cómo echarás en falta lo que tienes ahora!». Hoy, quizás, seamos nosotros los que nos hayamos convertido en la voz de la verdad, como si el paso del testigo al cruzar las puertas de la madurez fuera un hecho obligado.

Nuestra visión del tiempo está destinada a cambiar sustancialmente en dos de los momentos que forman parte de la vida de todo ser humano: cuando asumimos el hecho de que ya somos adultos, y cuando nos damos cuenta de que nuestros padres han envejecido. Ambos marcan un punto de inflexión en nuestra existencia, cargando nuestro equipaje de nuevas responsabilidades hasta entonces desconocidas. Nuestra visión de la vida cambia, dejándonos a menudo desorientados y sin puntos de referencia.

Una vez convertidos en adultos responsables, el tiempo pierde su connotación optimista y tal vez demasiado ingenua, y aparecen las pesadumbres y los remordimientos. Es entonces cuando nos gustaría poder cambiar de curso, retrasar con los dedos las agujas del reloj. Por desgracia, esto no está a nuestro alcance, y aunque la literatura y el cine están llenos de máquinas del tiempo, nadie ha logrado todavía inventar una.

No cabe duda de que el paso del tiempo nos fascina. El perfecto encaje de los engranajes de un reloj, el lento movimiento de un péndulo, el sonido del cuco marcando la hora. Incluso las formas más antiguas de medir el tiempo esconden ese misterio que nos atrae: la arena que fluye dentro del reloj de arena, los cálculos matemáticos necesarios para la realización de un reloj de sol. ¿Y qué decir de las coincidencias, de estar en el lugar correcto en el momento correcto? Ese misticismo, esa magia del tiempo, están tan arraigados en nuestra cultura que ni siquiera lo notamos.

Sin embargo, el tiempo es también nuestro mayor enemigo. Al escapar por completo de nuestro control, nos obliga a encontrar formas de controlarlo y de no sucumbir a él por completo. De ahí que nos esforcemos por disimular los signos más visibles de su presencia, como las arrugas o las canas, recurriendo a diversos métodos para camuflarlos. Sin embargo, jugar al escondite no es un método eficaz para escapar de la realidad. Poder detener el tiempo es una de las obsesiones que siempre han formado parte del ser humano y de su historia. Los monumentos, las estatuas, las tumbas, el arte mismo, no son más que símbolos perennes de la inevitabilidad del tiempo, y testigos de los intentos de resistirlo, de sobrevivir a él. Sin embargo, a diferencia de ellos, no somos inmortales.

Mientras pensamos en voz alta, Toshio me señala que el tiempo trae consigo el concepto de la muerte, el final del reloj de arena. Solo pensamos en ello en la edad adulta, cuando los pensamientos se oscurecen y el miedo a no haber realizado nuestros proyectos se hace real. La otra cara de la moneda, más positiva y llena de esperanza, es nuestro apego a la vida. La chispa de nuestra existencia está en nuestro deseo de vivir tanto como sea posible.

¿Por qué estamos tan obsesionados con la longevidad? El deseo de dejar huella, de compartir más tiempo con nuestros seres queridos, de no perder lo que nos hemos ganado con esfuerzo, son las razones por las que queremos resistir la prueba del tiempo. A menudo oímos hablar del indicador de esperanza de vida, y nos escondemos detrás de esas cifras y datos que en realidad significan poco para la mayoría de nosotros. Sabemos que no tenemos la capacidad de predecir lo que nos deparará el futuro. Ésta es también la razón por la que confiamos ciegamente en lo que podría alargar nuestra existencia, ya sea un superingrediente para beber antes de cada comida o una fórmula mágica derivada de quién sabe qué antigua civilización. Hoy en día, todas las revistas están llenas de consejos de este tipo, como si el elixir de la vida realmente pudiera encontrarse en una sola cosa, como si al presionar un botón pudiéramos añadir más años a nuestro calendario original. Aunque no existan las recetas milagrosas, sí hay buenos hábitos que pueden ayudarnos tanto a aceptar el paso del tiempo como el tiempo que tenemos disponible.

En Japón, este conjunto de principios y prácticas se puede resumir en la palabra *hanasaki*, literalmente «flor que se abre», que significa hacer buen uso de lo que se nos da. De hecho, una flor nunca alcanzará su máximo esplendor si permanece en su etapa de capullo, así como nunca podrá ofrecer todas las maravillosas tonalidades de su corola si permanece semiabierta para después marchitarse.

Debemos florecer y convertirnos en la mejor versión de nosotros mismos, y para ello tenemos que dar algunos pasos.

Los buenos hábitos: de la nutrición al estilo de vida

Toshio me cuenta que aquí mismo, en la tierra del Sol Naciente, hay un archipiélago famoso en todo el mundo por la cantidad de centenarios que lo habitan: Okinawa. Aunque muchos nos preguntamos por qué un área tan pequeña concentra tantos longevos, identificar puntos en común en sus vidas no es tarea fácil. La genética ciertamente desempeña su papel en esta extraña coincidencia, pero no puede ser la única razón.

Mi amigo, siempre atento a la actualidad y apasionado por todo lo que está envuelto en un aura de misterio, me comenta que la explicación que dan los investigadores es que se trata de un conjunto de factores y principios comunes.

La nutrición es uno de los primeros aspectos analizados, quizás porque es más fácil recibir respuestas precisas acerca de algo tan concreto. Estamos acostumbrados a pensar que una dieta casi ascética, sin concesiones a los placeres del paladar, conduce naturalmente a un estilo de vida saludable. Lo que surgió de la investigación, sin embargo, es que pese a que los habitantes de Okinawa practican la moderación, a veces se permiten alguna desviación de la regla. La dieta japonesa es intrínsecamente más saludable que la occidental, por ser menos grasa y más basada en el consumo de verduras y pescado. La soja también es muy utilizada, en todas sus formas. La cocina tradicional incluye grandes cantidades de arroz, más ligero que la pasta; de hecho, es el ingrediente más común en las comidas de los centenarios. Sin embargo, muchos de ellos han confesado tener pasión por el chocolate o el vino tinto, que consumen en cantidades moderadas y solo cuando realmente sienten el deseo de hacerlo. De esta forma, también prolongan el placer que aporta un alimento gourmet a la dieta diaria.

Otra similitud que encontraron los investigadores tiene que ver con la regularidad en el horario de las comidas. Destinar un horario preciso para consumir los alimentos conduce a una vida más ordenada en muchos aspectos. Nuestro cuerpo se acostumbra al hambre y a la saciedad, sin sufrir continuas alteraciones. A medida que envejecemos, mantener esta regularidad se vuelve cada vez más importante.

A propósito de la saciedad, muchos centenarios de Okinawa enfatizaron la importancia de nunca comer hasta sentirse totalmente llenos. El solo hecho de llenarse ya constituiría un esfuerzo inútil, ya que la digestión consume mucha energía que el cuerpo necesita para realizar otras tareas. La filosofía de «nunca saciarse del todo» se aplica en muchos ámbitos de su vida diaria. El cuerpo necesita espacio: eliminar lo superfluo es otra de las claves de una vida serena.

Este estilo esencial también se refleja en el interior de sus hogares. Todo tiene una función precisa, sin florituras. En general, Japón es un lugar donde el barroco probablemente no habría encontrado una forma de expresarse. Acumular no es bueno para nuestra vida; a menudo nos encontramos sepultados por objetos que hemos olvidado que teníamos o que ya no funcionan, piezas de recambio que pensábamos utilizar y que en cambio solo crean más desorden. Seamos realistas: cada uno de nosotros tiene en casa un cajón de trastos. Para los japoneses, esto es un impedimento para el bienestar físico, un obstáculo sin razón de ser. Depuremos nuestro hogar de objetos inútiles, o que se han vuelto inservibles con el tiempo. La ropa que ya no se ajusta a nuestro cuerpo o estilo es lo primero a considerar. ¿Por qué guardar en el armario un vestido que solo nos hemos puesto una vez y que probablemente nunca más usaremos? El apego a los objetos es perjudicial para nuestra felicidad. Las cosas materiales no deben convertirse en el refugio de los recuerdos, sino que deben servirnos en nuestra vida diaria. Sin duda, hay culturas para las que es más fácil poner en práctica esta filosofía, porque por su historia están más orientadas hacia el minimalismo, pero nada nos impide aprender a aplicarla paso a paso, incluso en nuestro mundo dominado por el consumismo.

Así como se nos aconseja que nos deshagamos de los objetos inútiles, el mismo principio es aún más importante cuando se trata de nuestra mente, que debería estar libre de todos los pensamientos innecesarios. Para los centenarios de Okinawa, esta máxima es de una importancia fundamental: cada día los días de nuestra existencia. Esto no significa que no haya lugar para la ira o los pensamientos fútiles, pero deben ser transitorios y, una vez superados, no deben dejar rastro. Debemos tratar de no sobrecargar nuestro intelecto, al igual que nuestro estómago, con nutrientes que no son saludables y que podrían asentarse y echar raíces, como las malas hierbas.

Es importante aprender a deshacernos de las preocupaciones y las angustias que causan un estrés continuo, que afectan nuestro cuerpo y nuestra mente. Identificar qué pensamientos malsanos deben ser erradicados no es difícil, pero ¿cómo hacer para eliminarlos?

En primer lugar, necesitamos silencio. El silencio es esencial para realizar este ejercicio de inmersión en nosotros mismos, para descubrir nuestras zonas oscuras.

En la sociedad japonesa, la armonía se alcanza a menudo por medio de la eliminación absoluta de los sonidos externos; esto se debe a que a veces incluso las palabras pueden resultar superfluas. Si se utilizan, son elegidas, esenciales y bien consideradas: basta pensar en la poesía *haiku*. La contemplación, tanto de la belleza como de la fealdad, requiere tranquilidad; solo cuando se alcanza la paz interior es posible la meditación. En Occidente tendemos a subestimar su potencial, ya que no estamos acostumbrados a meditar en nuestra vida diaria, pero muchos estudios han demostrado que ejercitar el espíritu también tiene un efecto positivo en la longevidad.

El objetivo de la práctica de la meditación es la observación de uno mismo a través de la reflexión, como si dispusiéramos de un espejo que nos permite mirar hacia dentro. Esto, a su vez, nos permite tomar el control de nuestros pensamientos y guiar el intelecto hacia el presente en lugar de que se quede en el pasado. El cuerpo, somatizando lo que ocurre en nuestra mente, reacciona de forma positiva, provocando un aumento de nuestra sensación de bienestar. Existen muchas técnicas para practicar la meditación, pero no debemos limitarnos a seguir de forma estricta las reglas que nos imponen: es fundamental identificar lo que funciona en nuestro caso particular. Podemos encontrarnos cómodos meditando en lugares tan dispares como el balcón o en el aparcamiento de un supermercado, por la mañana o por la noche. No hay un solo camino. Tengamos en cuenta que podría pasar algún tiempo antes de que veamos su efectividad, pero como sabemos, nada se consigue sin esfuerzo.

¿Qué hacer cuando finalmente logramos tener la mente libre de negatividad? El consejo que parecen sugerir los centenarios de Okinawa, Nakamura Kichiemon y la práctica del *hanasaki*, es nutrirla con alimentos positivos. Uno de los dones más preciosos que podemos obtener de la meditación es la conciencia de la bondad y, en consecuencia, también de la maldad que nos rodea. Para que una planta florezca, se necesitan un suelo fértil, cuidados y la luz adecuada. Del mismo modo, para lograr el *hanasaki* —la apertura completa de la corola de nuestra vida— tenemos que trabajar para crear las condiciones adecuadas.

Mejorar el suelo en el que hundiremos nuestras raíces es fundamental. Aquí viene en nuestra ayuda el concepto de *kaizen* —del que ya hemos hablado— y que significa una mejora lenta y continua, que requiere tiempo. El *kaizen* no presupone ningún cambio radical, no exige hacer un tabla rasa de lo que somos, sino que, por el contrario, nos permite enfocarnos en lo que ya existe.

Por fortuna, a diferencia de las orugas —que necesitan sacrificarse para dar paso a las mariposas y seguir creciendo—, podemos trabajar sobre nosotros mismos sin tener que encerrarnos en un capullo. Sin embargo, debemos empezar por realizar un análisis en profundidad de nuestro carácter, identificando nuestras fortalezas y debilidades.

Ello nos permitirá no cambiar lo que realmente somos, sino avanzar paso a paso hacia el crecimiento de nuestra alma. No forcemos lo que no somos, no queramos convertirnos en velocistas si somos corredores de resistencia; no compremos un equipo para escalar montañas, cuando sabemos que somos buenos en natación: aprovechemos nuestros puntos fuertes. Esto no significa que nos limitemos a perfeccionar las habilidades que ya poseemos, sino que no nos rindamos ante los obstáculos y seamos conscientes de nuestras cualidades, tanto si la solución nos llega de forma natural como si tenemos que trabajar un poco para superar nuestros límites.

Mantener una mente joven

La curiosidad, continúa Toshio, es otro factor de gran importancia para mantener la mente activa. Explorar caminos aún no recorridos, aprender una nueva técnica artística o adquirir nuevas habilidades son actitudes fundamentales para alargar nuestra vida. No perdamos el tiempo en actividades banales, de las que ya conocemos los mecanismos y el punto de llegada, ya que correríamos el riesgo de adormecer nuestro cerebro, que en cambio debe descubrir nuevos atajos todos los días para escapar de la monotonía. Nunca es demasiado tarde para hacer algo por primera vez. A menudo nos olvidamos de lo bien que nos sentimos cuando somos capaces de hacer algo por primera vez. La satisfacción personal que brinda el éxito es beneficioso para la mente. Por eso es importante no subestimar nuestro potencial, incluso si ya no somos jóvenes, y quizá incluso entonces podemos enseñar algo a nuestros hijos o nietos, algo que solo nosotros somos capaces de hacer o en lo que somos especialmente hábiles. La gratificación que obtendremos será infinita. Cuando estamos felices, aprendamos a comunicarlo, aprendamos a prestarle atención: nos beneficia tanto a nosotros como a los que nos rodean. No es casual que palabras como «amor» y «afecto» se repitan muy a menudo en las historias que relatan los centenarios.

Como ya hemos mencionado, el *hanasaki* también está influenciado por factores ambientales. La conexión con la naturaleza se considera de fundamental importancia para vivir más tiempo. Una conexión que seguramente es más fácil para los okinawenses, rodeados de un mar que adquiere innumerables tonalidades de azul y rodeados del exuberante verde de toda la costa. Aunque estemos en la ciudad, podemos explorar los espacios «naturales» dentro de ella, un ejercicio que influirá positivamente en nuestro sentido de pertenencia al mundo, a ese majestuoso diseño que es el universo, siendo conscientes de que somos parte de él.

Indudablemente, nuestras metrópolis no están diseñadas para este fin; de hecho estamos habituados a verlas como lugares de mucho movimiento, pensados para el trabajo, una actividad que solemos considerar agotadora y que influye de forma negativa en nuestro bienestar. Por esta razón, podríamos especular que todos los centenarios de

Okinawa, o al menos la mayoría de ellos, dejaron de trabajar muy temprano o que su profesión nunca les exigió un esfuerzo excesivo. Sin embargo, la información recogida en las entrevistas indica otra cosa. Muchos de los centenarios, una vez jubilados, decidieron reinventarse dedicándose a lo que realmente les hacía felices. Uno de ellos empezó a fotografiar como pasatiempo, para luego convertirlo en un nuevo trabajo; otro siguió ejerciendo la profesión de siempre, a un ritmo más pausado. Son cambios radicales de punto de vista que pueden marcar una gran diferencia.

El cuerpo que habitamos

En definitiva, es necesario vivir en armonía con nuestro cuerpo. La fuerza física adquiere aún más importancia a medida que soplamos más velas en el pastel. Un cuerpo fuerte es un cuerpo que no teme a la fragilidad ni a sus consecuencias, ya sean fracturas óseas o caídas inesperadas. Es evidente que el entrenamiento muscular debe formar parte de los hábitos que nos permiten mantenernos sanos, vivir más tiempo, alcanzando el *hanasaki*. Al igual que ocurre con la mente, el cuerpo requiere ejercicio físico constante.

En Japón lo tienen tan claro que existe una cita con horario fijo para mantenerse en forma. *Radio taisō*, literalmente «radio gimnasia», es el nombre del programa de ejercicios que se emite en la radio todos los días desde 1928. La fama de este programa se debe a que ha sido diseñado para que cualquier persona, cualquiera sea su edad, sea capaz de hacerlo sola y sin necesidad de equipo. Todos pueden participar, desde los niños hasta las personas mayores; incluso hay ejercicios que se pueden hacer sentados, destinados a aquellos que tengan problemas de movilidad.

Además de mejorar el tono muscular, estos ejercicios al alcance de todos actúan como un vínculo de unión entre generaciones, y a menudo se realizan en grupo. El *radio taisō* también se utiliza en las escuelas como un precalentamiento para las clases de educación física y durante las jornadas deportivas. También lo utilizan algunas empresas como un método para levantar la moral y promover el espíritu de equipo, así como para aumentar los niveles de energía y el sentimiento de bienestar.

La práctica de un deporte, incluso el más ligero, nos ofrece la oportunidad de cultivar relaciones con otras personas que, como nosotros, desean mantener su cuerpo sano. Tampoco es preciso que sea un deporte de equipo: actividades como correr o practicar yoga también nos permiten contactar con otras personas. Tener a alguien con quien compartir nuestro tiempo y nuestras pasiones nos hace más persistentes. Estar en compañía, además, estimula la memoria, la imaginación y el buen humor. La soledad, en cambio, es enemiga de nuestro cerebro; gracias a los demás, aprendemos a mirar más allá de nuestro pequeño mundo.

Como la *sakura*, estamos destinados a marchitarnos y caer de la rama que nos engendró. Sabemos que el paso de las estaciones nos someterá a duras pruebas, pero podemos prepararnos de forma adecuada para enfrentarlas. Nada garantiza la victoria sobre el inexorable avance de las agujas del reloj, dado que el tiempo es nuestro mayor enemigo, pero mucho depende de la fuerza con la que nos aferremos al árbol.

El *hanasaki* quizás nos ayude a grabar que lo importante no es llegar a vivir cien años, sino ser felices durante el tiempo que estamos destinados a pasar unidos a la rama.

11

恋の予感

Koi no yokan:

La inevitabilidad del amor

Koi no yokan: La inevitabilidad del amor.
Koi no yokan, «premonición del amor».
Ligeramente diferente de nuestro «amor a
primera vista», esta expresión representa la
sensación que se tiene de estar posiblemente
enamorado de una persona a la que se conoce
por primera vez.

恋の予感

KOI NO YOKAN

La inevitabilidad del amor

Heian-Jingu
35°00′55.6″N 135°46′57.0″E

Toshio y yo damos largas caminatas, exploramos parques y santuarios, almorzamos confiando en el *omakase* —es decir, dejando que el chef elija los platos para servirnos, una práctica divertida para descubrir los secretos de la comida japonesa—. Él habla sin parar, y yo escucho, fascinada. Estamos en Heian-Jingu, que por cierto no es uno de los templos más antiguos de Kioto ni está entre los más bellos, pero sí es uno de los más populares en el período del *hanami*, el florecimiento de la *sakura*, porque la característica más llamativa de su jardín sagrado es una variedad particular de cerezos, de color escarlata y con ramas colgantes. El período de floración ya ha pasado, pero es allí donde oigo a Toshio utilizar por primera vez la expresión *koi no yokan*. Como en un *déjà-vu*, tengo la impresión de haberla escuchado, masticado, digerido antes. A los amantes de Japón les suena tan familiar como hablar de Haruki Murakami, el monte Fuji, los samuráis y las palabras y tradiciones antiguas y casi desaparecidas. *Koi no yokan* se refiere a esta tierra como una flor de loto, un cielo gris o un tímido intercambio de miradas en un tren, uno de esos con forma de tubo de dentífrico que atraviesan el país a una velocidad vertiginosa.

Un helado envenenado

Koi no yokan. Se queda atrapado en mi lengua, se mete en mi cabeza. Le pido a mi compañero que me ilumine. A Toshio le parece increíble que en Occidente no exista una palabra para definir ese concepto, como si a nadie se le hubiera ocurrido pensar en una forma de expresar esa intuición, quizá porque se vive de forma tan acelerada. Sin embargo, el caso de Toshio resultaba aún más curioso, porque había experimentado la premonición del amor en el preciso momento en que vio por primera vez a la que sería su prometida. A partir de ese instante, no pudo dejar de pensar en ella como su futura esposa, aunque la relación entre ambos no se inició hasta algunos años más tarde. ¿Qué otra sensación de esa magnitud se vive incluso antes de imaginarla posible? ¿Experimentarla tiene algún significado? ¿Se puede confiar en una premonición de esta clase acerca de una mujer o de un hombre? Mi cabeza se llena de preguntas.

Solemos hablar de enamoramiento, mientras intentamos encontrar una definición precisa, a fin de incluir la palabra entre las que designan algo concreto. En Occidente, el enamoramiento es algo repentino —al menos, según las canciones—, involuntario, incómodo, irresistible, quizá desastroso. Se lo ha comparado, entre otras cosas, con un helado envenenado. En definitiva, no parece tratarse de una experiencia especialmente agradable.

Amor a primera vista

Sin embargo, basta preguntarles a los japoneses, a Toshio. Esa expresión, *koi no yokan*, cuenta una historia muy diferente. Puede traducirse, de forma literal, como «premonición de amor» o «de deseo», y se refiere a la sensación de que estamos a punto de enamorarnos de alguien. No hay certeza, no hay compromiso y probablemente tampoco conciencia mutua ni algo explícito, pero el sentimiento está presente. Aún no es amor, quizás ni siquiera es deseo: es la sensación de que esas cosas están en el horizonte y que pronto pueden manifestarse.

La traducción fácil y apresurada suele ser «amor a primera vista», pero *koi no yokan* nombra algo mucho más elegante y delicado. El amor a primera vista, que los japoneses llaman *hitomebore*, es una entrega mutua: miradas a través de una habitación, emociones fuertes y recíprocas, un sentimiento compartido de certeza. Es un encuentro casual que se descontrola, que estalla, pero no es el destino. Es un encaprichamiento, más animal que espiritual.

Koi no yokan, por el contrario, es la sensación absolutamente personal de lo que podría suceder: en esta etapa, es posible que la otra persona no sepa nada sobre cómo nos sentimos. Es la diferencia entre captar en el viento un levísimo perfume y —como dijimos antes— ser envenenados con una copa de helado con sabor a nata y fresa. *Koi no yokan* es la percepción del primer temblor tímido de una sensación. Es, sobre todo, rendirse a la magia de lo potencial.

Es una inquietud envuelta en un fino velo de melancolía y tristeza, así como de anticipación. Es la sensación de una conciencia sutil, casi imperceptible, que se convertirá en una emoción destinada a crecer y desarrollarse con el tiempo. Es tan delicada que quizás descubramos, con sobresalto, que ya había estado allí desde hace un tiempo, en algún lugar, en un rincón escondido de nuestro cerebro, de nuestro corazón, de nuestra alma o de quién sabe dónde, sin que nos diéramos cuenta.

El amor es un acto de fe

El árbol de flores rojas destacaba por su esplendor. Era un espécimen famoso en ese momento. Sus ramas se inclinaban con gracia, como las de un sauce llorón, extendiéndose hacia todos lados. Los delicados pétalos de sus flores se elevaban con la brisa para luego caer, con suavidad, sobre el grupo de colegialas uniformadas, y depositarse a sus pies. Todos observaban el espectáculo, que se reflejaba en el agua del estanque. Solo una persona, girada tres cuartos, miraba directamente hacia el objetivo de la cámara de Toshio.

«*Koi no yokan*. Fotografié ese momento, la fotografié a ella. Nos encontramos catorce años después, en el mismo lugar. Yo ya tenía treinta y ocho, ella veinticinco. Cuatro meses después, nos casamos.»

Cada vez que recuerdo sus palabras tan apasionadas, tan llenas de amor, me quedo atónita.

Es un instante tan imperceptible y fugaz, que ni siquiera se puede comparar con el momento en el que intuimos que estamos a punto de vivir una historia de amor, preguntándonos si tendremos el valor de hacerlo, o quizá ya habiendo tomado la decisión de lanzarnos, de arrojarnos a ese mar desde un acantilado. Quizá *koi no yokan* sería, más bien, el momento en el que entendemos que ese acantilado existe, y que quizás nos gustaría escalarlo.

Puede que no nos lleve inmediatamente al amor, y que haya muchos altibajos, muchas idas y vueltas. Por esta razón, el *koi no yokan* es también un sentimiento de melancolía. Una vez que estamos en la cima del acantilado, aunque temblemos, nerviosos, durante los primeros momentos, al final lo más probable es que saltemos al mar.

Sin embargo, en el momento del *koi no yokan* no hay presión sobre nosotros. Podríamos dar la vuelta y alejarnos. Mantenernos a salvo. La característica del *koi no yokan* es que no entraña promesas, no conlleva pretensiones. La decisión de saltar o no es de nuestra exclusiva responsabilidad. Es, literalmente, un acto de fe.

Koi no yokan: conocer esta expresión no necesariamente nos lleva a experimentar el sentimiento que describe, pero nos ayuda a reconocerlo cuando llega. Y las palabras con las que intentamos describir nuestras emociones nunca son suficientes.

12

恋の予感

Danshari:

El elogio del minimalismo

*Danshari: El elogio del minimalismo.
Danshari es un término derivado del
pensamiento zen que expresa el concepto
japonés de esencialidad, un principio filosófico
que involucra el rechazo del orgullo y la
ostentación, el abandono de todo exceso y,
en consecuencia, la liberación de todo lo que
no es esencial.*

恋の予感

DANSHARI

El elogio del minimalismo

Pachinko
35°00'12.4"N 135°45'02.2"E

Del antiguo Japón han quedado templos y santuarios, jardines zen y casas de té. ¿Qué hay del Japón de hoy? En el campo japonés, el edificio más alto y llamativo es invariablemente una sala de *pachinko*. Un derroche de luces fluorescentes, entre el pop y el barroco, capta la atención de los transeúntes; las letras coloridas e intermitentes invitan a entrar y sentarse en las mesas de juego. Una riqueza, una descarada ostentación que hace pensar en una futurista Las Vegas y que, en cambio, está lejos de la esencialidad japonesa a la que estamos acostumbrados.

Sin embargo, aquí están, enormes hileras de luces de neón, de varios metros de altura, destellando con todos los colores del arcoíris; techos rematados con pináculos luminiscentes en forma de batiscafo, gorila o platillo volador. Una cacofonía de música *bubblegum* y sonidos electrónicos a volúmenes ensordecedores anuncia su presencia desde lejos.

Este juego constituye el primer sector productivo de la economía japonesa, incluso antes que los automóviles y la electrónica. Se ha convertido en la salida favorita de los habitantes del país, y no queda ningún lugar que no tenga una sala.

El *pachinko* es un juego de azar, una especie de pinball por el que corre una cascada de bolas de acero que pasan a través de una serie de clavijas dispuestas en círculos. Si la bola cae en ciertos agujeros, el jugador gana puntos que puede convertir en dinero efectivo a la salida.

Sentarse frente a una máquina de *pachinko* es la forma moderna de meditación. Quizás porque el mal no puede limitarse, simplemente, a ser la ausencia del bien —*privatio boni*, como decía san Agustín—, sino que está dotado de una existencia objetiva, palpable.

La paradoja de la felicidad

Durante nuestros paseos, Toshio y yo conversamos sobre cómo, en este momento histórico, se tiende a pensar que el bienestar subjetivo es una consecuencia directa de la posesión de bienes materiales. A veces nos preguntamos si no sería oportuno cambiar el enfoque hacia qué es verdaderamente la felicidad, y de qué depende.

Mi inseparable amigo me comenta que muchas investigaciones recientes en el campo de la psicología positiva han puesto en evidencia que, contrariamente a lo que se podría pensar, los factores que influyen en la percepción del bienestar individual no incluyen el nivel de riqueza y la cantidad de objetos que se poseen. Los estudios coinciden en su mayor parte en establecer que, en promedio, los habitantes de los países económicamente más débiles son más felices que los ciudadanos de los estados más ricos. En otras palabras, los ingresos y el poder adquisitivo no parecen influir en el grado de satisfacción y la alegría de vivir. Este aparente contrasentido se suele denominar la «paradoja de la felicidad», y establece que el aumento de la riqueza per cápita se corresponde con una disminución proporcional del nivel de satisfacción. Habiéndose establecido científicamente que el dinero no trae felicidad, es lícito preguntarnos: ¿De qué deriva entonces el bienestar? ¿Cuál es la verdadera receta para ser feliz? Se trata de un interrogante que en la actualidad podría sonar anacrónico y fuera de lugar, dada la abundancia de objetos y comodidades de los que disponemos. Sin embargo, pese a que la psicología positiva se ha dedicado a formular esta pregunta recientemente, las culturas de todo el mundo han tratado de explicar, desde tiempos remotos, cómo se origina la felicidad y en qué consiste. Los filósofos Aristipo de Cirene y Aristóteles, de la antigua Grecia, se concentraron durante mucho tiempo en definir la felicidad, pero no lograron ponerse de acuerdo en una única solución. De hecho, tomaron posiciones decididamente contrarias. Mientras Aristipo fue un firme partidario de la visión hedónica, según la cual la felicidad surge de la plena satisfacción de los deseos materiales y la supresión del sufrimiento, Aristóteles fue uno de los fundadores de la visión eudemónica, para la cual la felicidad es un estado de plenitud del espíritu y la mente, que nace de la aplicación de las propias habilidades y del fortalecimiento de la personalidad y el carácter.

Al volver nuestra mirada hacia Oriente, vemos que la cultura filosófica y espiritual japonesa ha desarrollado a lo largo de los siglos un sistema de valores destinado a aumentar el bienestar que percibe cada persona y la satisfacción con su propia vida. Podrían escribirse ríos de tinta sobre el tema, ya que las costumbres establecidas por la tradición del Sol Naciente acompañan al ser humano en todas las fases de su permanencia en la tierra. Esta búsqueda tan antigua sigue viva hoy en la cultura japonesa y, aunque por un lado pone la atención en un encuentro genuino del hombre con la naturaleza, en la ecología y la nutrición, por el otro lleva a cabo una interesante investigación sobre lo que puede aligerar la vida del hombre y hacerlo más libre. Se trata de la atención a lo esencial, también conocida como *danshari*, un método que tiene sus raíces tanto en la filosofía zen japonesa como en el minimalismo proveniente de Estados Unidos.

El laberinto de los objetos

Desde hace milenios, el culto a la simplicidad forma parte de la tradición japonesa, que ha acuñado el término *wabi sabi*, del que ya hemos hablado. Una expresión ancestral que impregna la cultura japonesa y describe una condición zen en la que el hombre vive una existencia serena y feliz, gracias al progresivo desprendimiento de las cosas terrenales. No es casual que la meditación conlleve una serie de técnicas y ejercicios que tienen como objetivo despejar la mente de las preocupaciones acerca del pasado y del futuro, para que la atención esté totalmente centrada, sin prejuicios, en el momento presente. Tras haber conquistado esta condición de ligereza, el ser humano puede llevar una vida auténtica y entrar en contacto con el universo, con el todo. Para llegar a lo universal, debe necesariamente despojar a la mente de lo superfluo y eliminar lo que le distrae y desorienta.

A fin de volver a un estado de existencia primigenio, el ser humano debe distanciarse de todo lo que cree poseer y librarse del miedo al vacío, ya que solo derribando el muro que lo separa de la realidad puede sentir y percibir el mundo de una manera que no esté condicionada por esquemas impuestos por la sociedad. La felicidad no viene de sumar sino de restar: esta es la única forma de percibir y vivir la vida en plenitud.

El minimalismo, a su vez, aunque extrae algunos principios interesantes de la tradición espiritual japonesa, es un movimiento artístico y social nacido en Estados Unidos en la década de 1960, cuando imperaba la creencia de que la cultura consumista se había convertido en parte de la herencia genética de los seres humanos, llevándolos a desear bienes tangibles de forma inconsciente y constante. Según esta concepción, los objetos no son capaces de brindar paz y serenidad a quienes los compran; solo ofrecen una sensación ilusoria y momentánea de satisfacción, tras la cual surge inevitablemente la insatisfacción, que lleva a desear otros objetos sin cesar. El ciclo desencadenado por la compra compulsiva podría ser potencialmente infinito, o llevar a un agotamiento psicofísico caracterizado por un fuerte malestar existencial.

Este concepto también ha sido recogido, en parte, por el conocido método KonMari, propuesto por Marie Kondo, según el cual ordenar el caos que invade nuestras casas y nuestros cajones es una buena forma de poner orden también a nivel interior, eliminando todos los elementos que alimentan la ansiedad y el estrés. La mente, atrapada en un laberinto de objetos, necesita liberarse del estrés que generan la acumulación y el desorden.

El minimalismo no se alcanza aplicando unas reglas preestablecidas, sino que es una actitud mental que se manifiesta a la hora de adquirir nuevos artículos y de ordenar los objetos que abarrotan nuestras casas. El propósito de este método es el desarrollo de una mentalidad que nos haga enfocarnos en lo esencial, no solo para interrumpir el círculo vicioso de la compra compulsiva, sino también para lograr un desapego emocional de los objetos que poseemos desde hace tiempo, y que seguimos guardando porque están ligados a un recuerdo que, sin embargo, se ha ido desvaneciendo.

Para deshacernos de objetos inútiles, es importante que nuestra atención esté completamente centrada en el aquí y ahora, a fin de comprender si realmente necesitamos un objeto específico en el momento presente. Un método eficaz para poder deshacernos de objetos inútiles y liberar nuestra mente es precisamente el *danshari*, palabra compuesta por tres *kanji*: el primero, *dan*, significa «rechazar»; el segundo, *sha*, «desechar», mientras que el tercero, *re*, se refiere a «alejarse» o «tomar distancia».

Poner en práctica este método requiere una buena dosis de coraje y una fuerte motivación, ya que desapegarnos de los objetos y de los hábitos rutinarios no es algo sencillo.

Además, el *danshari* no solo tiene como finalidad la limpieza y el orden de la casa y de los ambientes que habitamos, sino que implica adoptar una nueva perspectiva, dejando atrás la costumbre de comprar y acumular bienes de forma desenfrenada. El objetivo final es que realicemos nuestras adquisiciones de forma consciente, convirtiéndonos en consumidores más equilibrados y libres de la influencia de las estrategias de mercado.

El método está estructurado de manera tal que cada ideograma de la palabra corresponde a una acción.

El primer paso consiste en aprender a contener el impulso de comprar nuevos productos, impidiendo la entrada de objetos adicionales a la casa. Se trata de una transición muy difícil, sobre todo porque vivimos en una sociedad cada vez más obsesionada por consumir. A propósito, existen dos aspectos decididamente preocupantes y dignos de mencionar: en primer lugar, la compra compulsiva puede conducir a una adicción tan grave como la causada por el uso de drogas; en segundo lugar, la sociedad se ha ido convenciendo cada vez más de que lo que define a un individuo no es tanto su personalidad o su forma de ser, sino lo que posee. Para romper este círculo vicioso, y por lo tanto poner en práctica el *dan*, el rechazo, existen algunas formas muy efectivas, como intentar reflexionar sobre nuestro consumo y nuestros hábitos de compra; centrar la atención en desenmascarar la lógica del mercado y del marketing y su influencia sobre nuestra psicología, o establecer un período de tiempo en el que no realizaremos compras.

A continuación, Toshio me explica que el segundo paso, relacionado con el *kanji sha*, implica tirar todos los objetos que no sean necesarios para la vida diaria. Es un momento en el que podríamos entrar en pánico, sobre todo si tenemos muchas cosas que seleccionar. Sin embargo, basta con seguir un método preciso y organizado para proceder de forma ordenada y sin perder la motivación. En primer lugar, puede resultar útil elaborar un plan de trabajo realista, que no incluya demasiadas tareas a realizar. Para ser precisos y organizados sin saltarnos pasos, es recomendable dividir el trabajo en categorías y subcategorías. La segunda parte del método *danshari* nos llama a reflexionar acerca del vínculo emocional que nos une a cada objeto en particular. Para ello, podría ser útil preguntarnos si mirarlo nos hace sentir bien y si despierta en nosotros emociones positivas. De hecho, a menudo fracasamos al intentar despegarnos de ciertos objetos porque nos remontan a recuerdos o emociones que hemos experimentado en el pasado. Es el caso de las fotos, los recuerdos de viaje y los regalos que hemos recibido: objetos materiales que ejercen sobre nosotros un verdadero chantaje emocional, capaz de hacernos dudar en el momento de elegir qué guardar y qué desechar. Aunque es difícil separarse de ellos, es más importante conservar un recuerdo o una emoción que un simple objeto. En cualquier caso, también existen motivos para conservar recuerdos y obsequios que hemos recibido: en primer lugar debería ser un objeto que haya jugado un papel importante en nuestra vida (no importa el tamaño, si es un objeto que nos importa ya encontraremos el lugar adecuado para guardarlo); también es fundamental que despierte una emoción positiva, es decir, que nos haga sentir bien cuando lo observamos.

El tercer y último paso del método *danshari* prevé el desapego completo y una toma de distancia con respecto a nuestras pertenencias, siguiendo el principio budista de evitar apegarnos a las cosas materiales. Este paso implica contener el deseo compulsivo de acumular bienes, para reducir el estrés y vivir una vida más tranquila y libre de trampas emocionales.

Si queremos triunfar en este último paso, debemos centrarnos en qué es realmente esencial en nuestra existencia: ¿Son los afectos y la libertad? ¿O son los bienes materiales? Estas preguntas pueden parecer obvias o inútiles y, sin embargo, tienen una gran relevancia en la última fase del proceso de despejar y ordenar. Comprender que nuestra vida no puede estar condicionada por objetos inanimados y centrada únicamente en la acumulación compulsiva de bienes materiales es un paso que requiere esfuerzo y paciencia, a fin de abandonar nuestros hábitos de forma paulatina y asegurarnos de que no retornen.

Por otra parte, dado que la atención a lo esencial es —además de un método— una verdadera mentalidad, se puede aplicar tanto en la reorganización de todo tipo de objetos como en el campo de las relaciones sociales, así como en la determinación de objetivos vitales. De hecho, el *danshari*, al ser un método de raíz budista zen, fuertemente influido por la cultura tradicional japonesa, no solo es una guía útil para ordenar y cambiar nuestros hábitos de compra compulsiva, sino que se revela como una filosofía vital que nos aligera la vida al remover los factores que generan preocupaciones y estrés. Un buen ejemplo son aquellas relaciones —laborales, familiares, amorosas— que a la larga resultan perjudiciales, ya que comprometen nuestro bienestar emocional, nuestra autoestima y, en los casos más graves, nuestro equilibrio psicofísico.

Ecología y moda: ¿dos mundos irreconciliables?

Como hemos visto, el *danshari* y la filosofía japonesa coinciden sustancialmente en una cuestión tan actual como preocupante, que debo enfrentar diariamente en mi trabajo profesional: la acumulación de objetos. En algunos casos, tengo que tratar con clientes que compran prendas de vestir en exceso o muchos más zapatos de los necesarios.

Por otro lado, al escuchar a Toshio también me he dado cuenta de que la cultura del Sol Naciente ha estado estrechamente alineada, durante siglos, con los principios ecológicos derivados del sintoísmo, que requieren del hombre el respeto y el cuidado del medio ambiente, ya que solo entrando en contacto con el mundo natural puede acceder a un diálogo puro e íntimo con el espíritu vital que impregna el universo. Desde esta perspectiva, se hace difícil encontrar una correlación entre la compra compulsiva, la filosofía japonesa, el minimalismo y la protección del planeta.

Para comprender mejor la situación, pensemos que la sociedad contemporánea —para complacer la avidez consumista— nos empuja a comprar sin medida, acumulando montañas de objetos en nuestras vidas. A fin de mantener esta dinámica, que hace que nuestras necesidades materiales sean al mismo tiempo estimuladas y satisfechas por la oferta del mercado, las industrias han creado mecanismos económicos y productivos insostenibles; explotan a los trabajadores, venden productos de mala calidad a bajos precios y adoptan sistemas de fabricación contaminantes.

Uno de los ejemplos más flagrantes es el *fast fashion*, la moda rápida, de usar y tirar, posibilitada por un método de producción nacido en los años ochenta, que tenía como finalidad la venta de ropa inspirada en la alta costura a precios reducidos. Con el paso del tiempo, se ha creado un círculo vicioso: los fabricantes lanzan continuamente al mercado colecciones y prendas de vestir a precios ridículos, induciendo y animando a los consumidores a comprar más y más. Los daños que causa esta espiral de consumo son muy evidentes: la moda rápida se ha convertido en una de las principales causas de contaminación ambiental y explotación laboral, dado que los empleados de las empresas manufactureras se ven obligados a trabajar en condiciones inhumanas, por lo general con salarios ínfimos.

Se trata de un sistema muy peligroso —presente no solo en el mundo de la moda— del que los consumidores también son, en parte, responsables. El proverbio *yasui mono kai no zeni ushinai*, que significa «pagar poco equivale a tirar el dinero», no deja lugar a dudas acerca de la postura de la tradición japonesa sobre el asunto. En efecto, comprar bienes a bajo precio no solo implica la explotación de los trabajadores, la baja calidad de las materias primas y un método de producción contaminante, sino que también implica un gasto insensato: al ser objetos que se deterioran con facilidad, no tardan en ser reemplazados por otros de precio equivalente o incluso mayor.

En cualquier caso, no basta con elegir artículos de alta calidad, sino que también hay que guardarlos con respeto, manteniéndolos y cuidándolos. Por todas estas razones, es preferible comprar menos y elegir productos de buena calidad para no dañar el planeta, para que los artesanos y trabajadores reciban un salario justo, y para que el producto final sea resistente, agradable y bien elaborado.

Otro aspecto interesante relacionado con la visión ecologista de la cultura japonesa es el reciclaje y la reutilización de objetos y ropa desechados. Los objetos que descartamos pueden ser de utilidad para otras personas; el mercado de segunda mano y el de objetos y prendas *vintage* son dos de los canales privilegiados para comprar de forma consciente, evitando la lógica del mercado contemporáneo. Con la compra de productos de segunda mano estaremos ejerciendo una opción consciente para romper el círculo vicioso impuesto por los grandes fabricantes, que afecta negativamente nuestros hábitos de compra.

En sintonía con esta búsqueda de la simplicidad y la reducción de desperdicios, el minimalismo adoptado en Japón establece que es preferible gastar dinero en un servicio en lugar de acumular nuevos objetos. Por ejemplo, si tenemos dinero disponible para satisfacer un deseo personal, es preferible invertirlo en algo inmaterial, como una experiencia, una entrada de teatro o un tratamiento en un spa. Al comprar un servicio, la satisfacción por la compra tiene lugar en ese preciso momento y, sobre todo, entregamos el dinero directamente a quienes lo realizan. Por el contrario, cuando compramos un bien material a una multinacional, como una prenda de vestir o un mueble, no sabemos muy claramente cómo se repartirá el dinero que hemos pagado.

Simplificar nuestra casa y disminuir los objetos que contiene, depurar nuestros guardarropas y nuestros cajones, no es solo una forma de deshacernos del desorden material, sino que también es una forma de acostumbrar la mente a escapar de los patrones impuestos por el consumismo.

Sin embargo, para poner en práctica el *danshari*, al ser una técnica que involucra nuestro intelecto y no solo el acto práctico de ordenar, se necesita una fuerte motivación, tanto para llevar a cabo todas las etapas del método como para aprender y establecer hábitos saludables en la compra y el consumo, en la elección de las relaciones sociales y en la planificación de los objetivos de vida. Por no hablar del componente medioambiental de la cultura japonesa que, derivado de una antigua tradición espiritual, impregna profundamente todos los aspectos de la vida del individuo, mostrándole la forma más adecuada de entrar en contacto con las divinidades.

El *danshari*, aunque en apariencia es una técnica relativamente simple, tiene sus raíces tanto en una tradición espiritual derivada de la filosofía zen como en el minimalismo, y puede practicarse con diferentes propósitos. Lo importante es que tengamos una firme convicción de que debemos cambiar nuestros hábitos, porque para lograr este objetivo se requiere un gran interés en el tema y una fuerte motivación.

En conclusión, es evidente que las ventajas que proporciona la aplicación del método *danshari* son muchas, desde el ahorro de recursos y la liberación de relaciones tóxicas hasta dedicar la atención adecuada a los objetos que compramos —y, en consecuencia, al espacio adecuado para ellos—, pasando por la adquisición de una mayor conciencia en cuanto a los comportamientos de compra y a los procesos de producción de bienes.

13

生き甲斐

Ikigai:

La razón para levantarse por la mañana

Ikigai: La razón para levantarse por la mañana. Ikigai significa «razón de ser», y según los japoneses todo tiene un ikigai. Encontrar el propio requiere una investigación y una introspección profundas: el ikigai nos restituye el significado de la vida, pero tenemos que trabajar duro para descubrirlo.

生き甲斐

IKIGAI

La razón para levantarse por la mañana

Byodo-in
34°53′21.5″N 135°48′27.7″E

Después de todas las maravillas con las que me he llenado los ojos en estos días en Kioto, me cuesta creer las palabras de mis amigos japoneses cuando me prometen un viaje absolutamente fuera de lo común, lejos de los principales itinerarios turísticos. Un viaje que, según dicen, me dejará sin palabras.

El destino es Uji, un pueblo a pocos kilómetros al sur, conocido principalmente por ser uno de los principales centros de cultivo del té matcha. Pero nos dirigimos allí por el Byodo-in, el Pabellón del Fénix, construido en el apogeo del período Heian como residencia de campo de Minamoto no Shigenobu y luego adquirido por un miembro de la familia Fujiwara; es uno de los pocos templos supervivientes de ese período. Su diseño es único: un salón central, con dos alas a los lados, situado frente a un lago. La planta del edificio se asemeja a un fénix que aterriza en el agua, lo que explica su nombre.

Es una anomalía maravillosa, una burbuja, un reino del que hoy sabemos poco o nada: el mundo de los aristócratas Heian, una época de la historia japonesaque tuvo lugar entre los siglos VIII y XII y que representa una verdadera edad de oro para Japón por su riqueza literaria y cultural.

Byodo-in es un templo solo en parte. Lo es el salón central, que alberga a Amida, el Buda del Paraíso Occidental. En cambio, el resto de la construcción es aparentemente inútil. Del fondo del salón principal parte un edificio que vendría a ser la cola del fénix, y que tampoco parece tener ninguna función. Al observar las alas que se extienden a los dos lados del cuerpo central, observamos que la planta baja no es más que una columnata. El piso superior también es abierto, sin paredes ni puertas correderas. Los listones que sostienen el techo son más bajos que la altura media de una persona, por lo que entrar en él resulta incómodo. Es difícil adivinar la función de esta planta superior: imagino una orquesta instalada allí, tocando sus instrumentos mientras los dignatarios pasean en bote por el lago.

Byodo-in es una locura perfecta, nacida del capricho de la aristocracia Heian. En las épocas sucesivas, en un Japón gobernado rígidamente por líderes militares, tales frivolidades habrían sido prácticamente inconcebibles.

Este es uno de los pocos lugares del país donde se puede respirar un aire de libertad. Observarlo produce una sensación de ligereza, un deseo de volar alto junto al fénix, y me parece una razón maravillosa para levantarse por la mañana.

Reconocer nuestro papel en el mundo

A menudo, subestimamos la importancia de las cosas que nos rodean y la influencia que pueden tener en nuestra vida. Trato de no hacerlo nunca. Si un objeto está en mi casa, significa que debe estar allí, que hay una razón por la que lo sigo guardando. En mi trabajo, mientras lidio con miles de objetos, debo exhortar una y otra vez a mis clientes que se hagan la fatídica pregunta: ¿Para qué necesito esto? ¿Me hace feliz?

Es un proceso lento y agotador, pero imprescindible: se trata de aprender a aferrarnos solo a lo que nos hace felices y deshacernos del resto. Un concepto muy sencillo pero no siempre fácil de poner en práctica, que requiere coherencia y claridad.

Como ya hemos visto, en primer lugar debemos proceder a la selección y la ordenación. En esta fase tiene lugar un verdadero enfrentamiento con nosotros mismos, mientras tratamos de decidir qué tiene valor y qué no, de visualizar qué trae alegría a nuestra vida y qué, en cambio, está en un estante, acumulando polvo y deteriorándose con el tiempo. Lo hago al reordenar las casas y los guardarropas, guardando con cuidado las camisetas dentro de los cajones, todas dobladas sobre sí mismas para poder elegir la favorita de un vistazo, sin desordenar las demás. Busco el encaje perfecto, para que cada objeto ocupe su el espacio que le corresponde, con naturalidad y sin resultar incómodo. Solo mediante la evaluación seremos capaces de poner orden. Este debe ser nuestro objetivo principal al ordenar no solo nuestros guardarropas, sino también nuestras vidas: reequilibrar nuestros espacios y encontrar nuestro lugar en el mundo.

La cultura japonesa ha desarrollado un concepto que condensa esta idea: el *ikigai*. Crear un espacio armonioso en el que vivir se relaciona con encontrar nuestro *ikigai*.

Lo hemos mencionado en una etapa anterior de nuestro recorrido, pero es un principio en el que vale la pena profundizar. Esta palabra, como suele suceder, no tiene una traducción literal. Incluso dar con una definición unívoca es complejo: *iki*, que significa «vivir», va acompañado de *gai*, que quiere decir «significado» o «propósito». Pero *gai* también puede significar «razón», por lo que a menudo hablamos del *ikigai* como la «razón para vivir». Sin embargo, esta definición corre el riesgo de ser limitante, porque *ikigai* también significa reconocer nuestro papel en el mundo y aprender a vivir con una sensación constante de satisfacción y realización, de sentirnos vivos, de tener planes y, sobre todo, un motivo que nos impulsa a levantarnos de la cama con entusiasmo cada mañana.

«Entusiasmo» es una de las palabras clave, porque *ikigai* nos urge a asumir una actitud de participación total en el mundo, y nos lleva a actuar colmados de una alegría y una voluntad incontenibles, y en consecuencia poseedores de la capacidad de atraer a otros hacia esta búsqueda luminosa.

Sin embargo, por poderosas que sean, estas pocas palabras no son suficientes para explicar el significado profundo del *ikigai*, un concepto tan arraigado en Japón que fue absorbido por sus habitantes con espontaneidad, como lo hace la tierra árida con el agua de las primeras lluvias y las plantas frondosas y verdes con la luz del sol, que con su energía es también el símbolo de esta extraordinaria cultura.

Encontrar mi *ikigai* fue como descubrirme y volver a conocerme. Fue como renacer, como el fénix que inspiró la arquitectura del templo Byodo-in, cuya imagen aparece en la moneda de diez yenes.

El sentido del orden es algo innato para mí, es parte de mis raíces. Crecí amando el rigor y la precisión. Cuando me enfrento al caos, lo primero que hago es vaciar. Sin prisa, limpio los armarios atestados y los despachos en los que se acumulan los documentos. Estos son los lugares más difíciles de reorganizar, porque los recuerdos se van sumando y el vínculo emocional con los objetos es fuerte. Pero no hace falta mucho para darse cuenta de lo que es realmente indispensable, basta con tomarse un momento para reflexionar.

De la misma manera, para encontrar tu *ikigai* tienes que empezar por poner orden, porque arreglar tu vida no es muy diferente a ordenar tu casa. Las personas compran mucha ropa y objetos, tantos que les cuesta reconocer lo que realmente les emociona. En la vida se aplica la misma regla: estás ocupado con millones de cosas y, a menudo, olvidas tus pasiones y tus sueños. Pero, al igual que al ordenar un armario, el primer paso para encontrar nuestro *ikigai* es liberar el espacio, en este caso la mente, y centrarnos en lo que nos hace sentir vivos y satisfechos y, por lo tanto, merece encontrar un lugar entre los estantes de la nuestra existencia.

Al igual que ocurre con el hogar, en la vida es importante crear un esquema que ayude a ordenar las cosas de la manera más funcional posible. Dado que cada espacio es diferente y que cada persona tiene diferentes actitudes, cada esquema será un camino individual, que debe recorrerse solo. Por ello, un paso fundamental para hallar tu *ikigai* es mirar dentro de ti y aprender a conocerte a ti mismo. A veces, solo se necesita un momento para encontrarnos cara a cara con una pasión que hizo latir nuestros corazones de niños o un sueño que nunca tuvimos el valor de realizar.

Pasión, misión, vocación y profesión

La búsqueda del *ikigai* suele ser un proceso largo y difícil, un profundo análisis interior que brinda una gran satisfacción a quienes logran completarlo. En la filosofía japonesa, *ikigai* se representa gráficamente como la perfecta convivencia entre pasión, misión, vocación y profesión, muchas veces representadas como cuatro círculos que se cruzan en un continuo juego de curvas (figura 4).

Fig. 4

El diseño resultante parece haber sido creado con el propósito de representar la estrecha conexión entre estas áreas, que interactúan entre sí y colaboran para alcanzar el *ikigai*. Es precisamente en estos cuatro conceptos en los que debemos pensar al emprender nuestro propio camino hacia el *ikigai*.

En primer lugar, debemos preguntarnos con calma y sinceridad cuáles son nuestras aptitudes personales, en qué cosas somos buenos. Pero si dedicarse a algo de lo que eres capaz fuera suficiente para encontrarle sentido a tu vida, muchos podrían decir que lo han logrado. En cambio, el *ikigai* nos invita a reflexionar también sobre lo que amamos hacer, sobre las experiencias que despiertan nuestra verdadera naturaleza y nos hacen sentir vivos. Sin embargo, alcanzar este conocimiento tampoco es suficiente, porque se sabe que la alegría es inútil si no se comparte. Y aquí viene el detalle que marca la diferencia: para encontrar nuestro propio *ikigai* necesitamos entender qué podemos dar al mundo, qué beneficios pueden reportar nuestras acciones a los demás. Finalmente, el *ikigai* también tiene en cuenta lo que podemos obtener desde el punto de vista económico y de la satisfacción personal.

Una persona que haya encontrado su *ikigai* habrá sido capaz de condensar pasión, misión, vocación y profesión; y, mediante la fusión de estos cuatro elementos, encontrar su razón de vivir. Un ejemplo práctico, que apunta a lo esencial, puede ayudar a comprender mejor cómo se pueden combinar estos aspectos. Pensemos en alguien a quien siempre le ha gustado leer y escribir, y que ha empezado a probar suerte en la escritura de cuentos o textos. Pero nadie escribe para sí mismo, por muy agradable y gratificante que sea. Cuando comprueba que otras personas han comenzado a disfrutar de sus historias, experimenta una alegría nueva e inesperada, porque comprende que puede dar algo al mundo, que es capaz de regalar emociones a su público. Esta comprobación lo lleva a convertirse en autor de libros, y hacer de su pasión un trabajo. El escritor o escritora estará inevitablemente feliz y cargado de nuevas energías para afrontar la vida, porque habrá encontrado en la escritura un compromiso real entre pasión, misión, vocación y profesión. En este caso, su *ikigai* estará condensado en una sola palabra: escribir.

Pero no debemos asustarnos si no se nos ocurre ninguna palabra capaz de revelar de inmediato cuál es el propósito de nuestra vida. Al reorganizar y hacer espacio, podemos aportar claridad a nuestra propia existencia y reflexionar sobre cuál es el camino que podría llevarnos a ese conocimiento.

Lo que nos lleva hacia el *ikigai* es, de hecho, un camino, orientado hacia lograr un estilo de vida que nos mantenga activos y satisfechos, siempre dispuestos a aceptar nuevos desafíos. En Japón, esta filosofía de vida es bien conocida y aplicada por la mayoría de la población, que considera al *ikigai* como esencial para vivir una vida plena y siempre abierta a nuevos estímulos.

¿Cómo alcanzar el propio *ikigai*? Puede llevar tiempo, a veces años, pero tarde o temprano se llega: en la cultura japonesa, el *ikigai* es algo que todos poseemos y que podemos alimentar.

Existen diversos ejercicios para iniciar este viaje interior hacia la conciencia. El primer paso es volver a conectarnos con nosotros mismos, tomarnos un tiempo para respirar y abrir el corazón y la mente. Lo esencial es dejarse llevar, relajarse y olvidarse del estrés, que muchas veces empaña la visión e impide concentrarse en lo realmente importante. Una vez en contacto con nosotros mismos, toca mirarnos al espejo y hacernos preguntas. Podemos centrarnos en lo bello de nuestra vida, en las cosas que nos intrigan y fascinan. Escuchar los propios deseos puede ser útil para indagar en nuestro interior y reencontrarnos con nuestros sueños. No solo eso: nuestros sueños se comunican con nuestro inconsciente y nos devuelven imágenes de nosotros mismos que creíamos haber perdido, y que de pronto descubrimos que siguen vivas.

Los recuerdos también son un tesoro de información sobre nuestro *ikigai*. Por ejemplo, podemos preguntarnos qué experiencias fueron las más significativas, cuáles nos hicieron más felices. Al hacernos estas preguntas, a menudo podemos distinguir una constante, como un hilo rojo que recorre nuestra vida y que nos devuelve un indicio de algo esencial. También es importante reflexionar sobre lo que nos hace felices de forma cotidiana, sobre las cosas que nos impulsan a levantarnos de la cama temprano, ansiosos y dispuestos a afrontar el día. Estas preguntas pueden llevarnos a comprender nuestras pasiones, que son un terreno fértil en el que puede florecer el *ikigai*.

Mantener la curiosidad es fundamental para vivir con la mente abierta, preparada para captar cualquier situación que pueda despertar nuestro entusiasmo. También es importante recordar las emociones que nos transmitieron los libros y películas que nos han gustado, e intentar entender por qué. En resumen, todo lo que nos emociona y enciende nuestro interés debe ser tenido en consideración, porque podría ser un primer paso en la ruta que nos lleve al *ikigai*.

Descubrir lo que amamos, cuál es nuestra pasión, es bastante sencillo: a veces basta con un pequeño detalle, desempolvado de entre los sueños que guardamos en un cajón. Sin embargo, para comprender en qué somos buenos, necesitamos ser conscientes de nosotros mismos. Por esa razón, el *ikigai* nos mueve a reflexionar sobre nuestras fortalezas y debilidades. Volviendo a la metáfora del armario, los puntos fuertes podrían ser las cajas con las que mantenemos los zapatos en orden, las camisetas dispuestas a la perfección y la forma en que hemos organizado la ropa en las perchas, mientras que un defecto podría ser la dificultad para mantener ordenados los cajones.

La conciencia de los propios méritos es un motor que da nueva energía a la búsqueda de nuestro propósito. A la pasión se le añade la vocación: algo que hemos sido llamados a hacer. Muchas veces, para reconocer una vocación basta con escuchar la propia voz interior; otras veces, necesitamos la ayuda de otras personas. La mirada de otra persona puede ser capaz de captar algo de nosotros que no podemos ver, porque nos resulta difícil o porque somos incapaces de escucharnos verdaderamente a nosotros mismos.

Para identificar nuestra vocación es útil reflexionar sobre las situaciones de nuestra vida en las que logramos hacer algo bien, algo que nos brindó una auténtica alegría. Ser capaz de convertir nuestra afición en trabajo es lo ideal, como en el caso del escritor que se las arregla para ganarse la vida escribiendo libros.

Para algunos, el hecho de que un concepto espiritual como el *ikigai* también incluya el dinero puede ser inquietante, pero no hace falta esforzarse mucho para entender que la satisfacción económica es uno de los componentes fundamentales para la autorrealización. Cuando hablamos de la profesión como uno de los cuatro pilares del *ikigai*, de hecho estamos aludiendo a la satisfacción económica y laboral. Es posible que tendamos a considerar el tiempo dedicado al trabajo como algo separado de la vida «real», una ocupación poco agradable pero necesaria. ¿Qué tan diferente sería si pudiéramos ganar dinero haciendo algo que amamos? Descubrir nuestro propósito convierte el momento del trabajo en una fuente de inspiración y entusiasmo: no es casual que hablemos del *ikigai* como el motivo que nos impulsa a levantarnos de la cama por la mañana. Trabajar de esta manera significa no centrarse en la recompensa, sino ser capaz de hacer coincidir el placer y el deber, disponer de tiempo para poder dedicarse a los propios intereses.

La profesión, a su vez, va acompañada de la misión. En efecto, el *ikigai* no es el motor de un impulso egocéntrico, que nos lleva a ocuparnos solo de nuestros propios intereses, sino la búsqueda de un sentido en la vida que también pueda dar alegría al mundo. Este punto es quizás el más simple de entender, porque cualquiera que haya experimentado el extraordinario sentimiento de alegría que proviene del *ikigai* sabe que cada una de nuestras acciones se refleja positivamente en los demás. Los que nos rodean se verán influidos por la energía que nuestro *ikigai* ejerce sobre nosotros y alentados a tomar un camino similar para descubrir el suyo.

Okinawa, una comunidad basada en el *ikigai*

Los beneficios del *ikigai* en la vida son innegables, y los habitantes de Okinawa lo saben bien. Como ya hemos visto, es un archipiélago con la tasa de longevidad más alta del mundo. Estas islas situadas entre Japón y Taiwán no se hicieron famosas por sus largas playas blancas, abrazadas por un mar de un azul intenso, casi cegador, ni por el maravilloso castillo de Shuri o por el culto a la naturaleza de Sēfa-Utaki. Lo que atrajo la atención de numerosos científicos y curiosos es la extraordinaria presencia de centenarios: alrededor del veinte por ciento de los habitantes. La esperanza de vida ronda los 81,2 años. En realidad, la población de la tierra del Sol Naciente se encuentra entre las más longevas del mundo: las mujeres tienen una esperanza de vida de unos 87 años.

Esta evidencia ha llevado a los investigadores médicos a estudiar la conexión entre el estado de salud de los japoneses y el *ikigai*, un concepto que para ellos está a la orden del día. Un conocido estudio realizado en 2008 por la Universidad de Tohoku en Sendai exploró este tema a través de una encuesta sobre mortalidad e *ikigai*, que involucró a más de 40.000 adultos japoneses de entre 40 y 79 años. Los resultados fueron sorprendentes: el riesgo de mortalidad es significativamente mayor entre los sujetos que no han podido encontrar su *ikigai*.

Esto sucede no solo por la energía positiva que es capaz de infundir el *ikigai*, reduciendo de forma notable el estrés y la insatisfacción, sino también porque parte de la premisa de cuidarse a uno mismo. No basta con volver a conectarnos con la propia alma, con redescubrir lo que nos hace felices y lo que amamos. También es fundamental encontrar el equilibrio: comer sano y hacer deporte, combatir el estrés y vivir en armonía con los que nos rodean. Para lograrlo, lo primero es cambiar la actitud hacia los demás. Una característica fundamental de los seres humanos es la vida en sociedad. Entre el Mar de China Oriental y el océano Pacífico, los habitantes de la aldea de Ōgimi, al norte de la isla de la que toma el nombre el archipiélago de Okinawa, creen en *yuimaru*, el espíritu de cooperación, uno de los pilares de su estilo de vida. No es casual que el sentido de pertenencia a una comunidad sea un componente fundamental del *ikigai*, que implica la búsqueda de algo que no solo amamos hacer, sino de aquello en lo que nos reconocemos. Es inevitable que nuestro entusiasmo afecte a los demás, haciéndolos felices e infundiendo en ellos un análogo sentido de pertenencia. En Okinawa se percibe una sensación de conexión que difícilmente se puede encontrar en otros lugares de nuestro planeta. Por eso, como ya hemos visto, en este paraíso terrenal casi no existe la jubilación: los que trabajan aman su trabajo y siguen aportando a la comunidad mientras pueden, incluso después de haber cesado la actividad laboral que ejercían anteriormente.

El principio del *yuimaru* prevé un intercambio recíproco entre comunidades e individuos: los habitantes de Ōgimi actúan de forma colectiva para afrontar cualquier situación que lo requiera. Si alguien tiene una mala cosecha, por ejemplo, se le provee comida; para quienes tienen dificultades económicas existe un sistema llamado *moai*, una forma de apoyarse mutuamente y enfrentar los obstáculos juntos. Diez personas se unen para recaudar 10.000 yenes cada una, creando un fondo de 100.000 yenes que se asigna a quienes más lo necesiten. Lo sorprendente es el hecho de que el *moai* es un sistema totalmente voluntario, que representa la perfecta armonía que aporta el logro colectivo del *ikigai*. No existe un contrato escrito que regule este intercambio; un acuerdo verbal y la alegría interior que proporciona el hecho de ayudar a alguien en dificultades son suficientes.

Comprender la importancia de la gratitud también forma parte de los pasos para lograr el propio *ikigai*. Si conseguimos asumirla como una actitud consciente en la vida cotidiana, aumentaremos la sensación de satisfacción existencial. La gratitud conduce a aumentar la empatía, a establecer una relación positiva con el mundo y a sentirse parte de una comunidad. Nos acercamos al *ikigai* al compartir el significado de nuestra existencia con los demás.

Nuestra relación con el mundo va acompañada de la que tenemos con nosotros mismos, con nuestro pasado, nuestro presente y nuestro futuro. El *ikigai* es en realidad un viaje continuo, un flujo de energía que no nos abandona en toda nuestra existencia y nos acompaña en todas nuestras etapas. Por eso es importante recordar que la búsqueda nunca termina; es más, debemos permanecer siempre abiertos a nuevas experiencias y dispuestos a salir de la zona de confort para enriquecer nuestra vida. Vivir distintas situaciones es fundamental para descubrirnos a nosotros mismos sin olvidar nuestras raíces. Por lo tanto, es imprescindible no interrumpir esa conexión con nuestros deseos, a los que nos empuja el *ikigai*; en una vida que abraza el ideal del *ikigai*, cada cambio interior es una fuente de inspiración para continuar un viaje que nunca deja de entusiasmar a quienes lo emprenden.

El *ikigai* no solo está hecho de grandes cosas, de un gran sueño que cumplir o un destino que alcanzar. Es más, puede suceder que no tengamos un gran sueño o pasión, o que tengamos muchos y no podamos elegir uno solo al que dedicar nuestra atención. O puede ocurrir que nos sintamos felices, realizados y satisfechos con pequeños gestos: un desayuno tranquilo en compañía de alguien a quien amamos, un plato bien preparado o una conversación enriquecedora. El *ikigai* no necesariamente tiene que ver con el éxito; puede anidar tanto en grandes logros como en momentos en apariencia intrascendentes, en cada instante que puede mejorar nuestra vida y la de las personas que nos rodean. Una vez encontrado, el *ikigai* nos acompañará a lo largo de nuestra existencia si somos capaces de acogerlo y brindarle un espacio en el que pueda florecer. Siempre podremos reencontrarnos con él y alimentarlo para poder disfrutarlo plenamente. Este es un aspecto fundamental.

Al igual que en mi trabajo, no hay un camino predefinido a seguir. Cada persona tiene sus propias necesidades, cada desafío es diferente. El tiempo nos cambia y nuestros sueños se renuevan, y con ellos la oportunidad de continuar esta feliz búsqueda.

Cómo obtener este resultado no es el punto más importante; lo que importa es el porqué. Encontrar nuestro *ikigai* puede transformar completamente nuestra existencia, haciéndonos más longevos y satisfechos. Puede permitirnos renacer, como lo hace el fénix del templo Byodo-in de sus relucientes cenizas de oro.

14

幽玄

Yūgen:

Soy parte del universo

Yūgen: Soy parte del universo. Yūgen es esa sensación de sorpresa y asombro que experimentamos cuando, incluso en la oscuridad más completa, nos invade un profundo sentimiento de belleza, dicha y paz. Yūgen describe el sentimiento de comunión con el universo cuando percibimos que somos uno con todo lo que nos rodea.

YŪGEN

Soy parte del universo

Nara
34°41′59.99″N 135°49′16.19″E

En 1961, me cuenta Toshio, Nara Dreamland fue la respuesta japonesa a la legendaria Disneyland del sur de California, con la que compartía muchos temas y características, incluida su Main Street, su calle principal a la americana.

Sin embargo, no fue tan longevo como el gran parque temático del país de las barras y las estrellas, y sus luces se apagaron para siempre en 2006. El parque japonés, invadido desde entonces por el óxido y la naturaleza, ya es irrecuperable, pero gran parte de él ha permanecido intacta.

Lo que una vez atrajo a familias con niños ahora atrae a valientes exploradores urbanos, y también aves que buscan un lugar tranquilo para anidar. El Castillo de la Bella Durmiente, que alguna vez fue un lugar de cuento de hadas, ahora parece una pesadilla. Todo esto ocurre a unos cientos de metros del centro de Nara, la antigua capital de Japón, donde la gente todavía vive en estrecho contacto con la naturaleza. El propio parque es ahora el hogar de miles de ciervos, que deambulan sin ser molestados y se acercan a los turistas. Cuando uno de los ciervos viene hacia nosotros, Toshio aprovecha para decirme que en el sintoísmo estos espléndidos animales son considerados mensajeros de los dioses y que aquí en Nara, además de haberse convertido en un símbolo de la ciudad, son considerados un verdadero tesoro natural. Nos quedamos un momento observándolos, encantados.

«Mira, es el *yūgen* que encuentra su plenitud», me susurra Toshio.

El *yūgen* es lo más alejado de la realidad actual de Occidente. Lo que no es *yūgen* son los focos de los estudios de televisión que ocultan las arrugas, el retoque artificial de los colores de un amanecer en la foto publicada en las redes sociales, el supermercado abarrotado e iluminado a última hora de la noche por decenas de frías luces de neón.

El concepto filosófico detrás del término *yūgen* es un pilar fundamental de la estética japonesa y, al mismo tiempo, el más difícil de definir: de hecho, su forma cambia según el contexto en el que se inserta. Se compone de dos *kanji*: *yū*, que significa «remoto», «subterráneo», pero también «pacífico», y *gen*, que puede traducirse como «indistinto», «oscuro», «indefinido».

La palabra *yūgen* se utiliza en el taoísmo y el budismo para indicar una profundidad religiosa difícil de percibir con la mente, como si estuviera oculta en la oscuridad. El *yūgen* expresa la conciencia de la no presencia. Es un concepto revolucionario para nosotros, los occidentales, acostumbrados a pensar en la belleza como una presencia escénica fija, como la perfección colocada en el centro de un escenario, iluminada por focos.

Mi experto en cultura japonesa favorito me dice que Shōtetsu, un monje y poeta del siglo xv, resumió el concepto de *yūgen* de la siguiente manera: «El *yūgen* se puede aprender a través de la mente, pero no se puede expresar con palabras. Su calidad puede ser sugerida por la visión de una tenue nube que se desliza sobre la luna, o por la niebla otoñal que envuelve las hojas escarlatas en la ladera de una montaña. Si alguien preguntara dónde está exactamente el *yūgen* en estas instantáneas, sería muy difícil de explicarlo a través del lenguaje, y no es de extrañar que un hombre que no comprende esta verdad prefiera ver un cielo perfectamente despejado y sin nubes. Es totalmente imposible explicar dónde radica el interés o la naturaleza extraordinaria del *yūgen*».[4]

Es fascinante comprobar cómo Shōtetsu es plenamente consciente de la dificultad del hombre para comprender el complejo mundo que le rodea; sin embargo, según el monje, solo aquellos que experimentan el *yūgen* saben reconocerlo luego en otras formas.

Luz y oscuridad: dos experiencias diferentes del mundo

Para iluminar todos los matices del significado de la palabra *yūgen* es necesario partir de nuestra idea de «bello». La estética en Occidente es esa rama de la filosofía que define la belleza: cómo se la puede reconocer, comprobar y juzgar más o menos unívocamente. En Japón esta disciplina comenzó a extenderse mucho más tarde, solo hacia finales del siglo XIX; en un principio estuvo influenciada por los principales pensadores europeos, pero en el transcurso de unas pocas décadas la cultura japonesa cambió significativamente su orientación.

En Japón, el nuevo concepto de estética, a diferencia de nuestra concepción abstracta de ésta, está perfectamente integrado, desde el principio, tanto en la vida cotidiana como en el ámbito artístico.

En el arte oriental, la *shizenkan-teki keisei*, o la reacción humana a la belleza de la naturaleza, es inseparable del momento de creación de la obra. Hemos visto que nuestra existencia no puede prescindir de la naturaleza; estamos profundamente conectados con ella, desde que nacemos hasta el último aliento. Introducir el concepto de «reacción» conlleva una implicación activa: en la verdadera experiencia del mundo que nos rodea, la pasividad no tiene lugar.

No sé vosotros, pero Toshio y yo, cuando caminamos en un espacio natural, siempre estamos buscando lo que se oculta entre la

4. Donald Keene, *Japanese Aesthetics*, en «Philosophy East and West», 1969, vol. 19, n.º 3, pág. 298.

vegetación, como los pequeños insectos que se arrastran entre los arbustos. Sentimos curiosidad por lo que hay más allá de la colina, cuya belleza solo podremos contemplar cuando hayamos avanzado más en el camino cuesta arriba. El *yūgen* es el más íntimo de los conceptos estéticos japoneses; es saber disfrutar por adelantado de ese momento de belleza y comunión con lo que aún no vemos y que solo un esfuerzo nos permitirá conocer. Esto es lo que nos atrae de los caracoles y moluscos, con sus pequeños cuerpos ocultos y protegidos por envoltorios extraordinarios; las guaridas excavadas por los topos en el suelo resbaladizo, o la misteriosa perfección de las colmenas y sus diminutos habitantes.

Lo que podemos ver en el transcurso de nuestra vida es solo una parte infinitesimal de la magnificencia de toda la creación.

Según el *yūgen*, podríamos definir la belleza como el ejercicio de la capacidad de ver en la oscuridad. Para entrenar el ojo y la mente para esta ardua tarea, se requiere una nueva predisposición en la mirada. Es, por lo tanto, un ejercicio de la mente más que del cuerpo. Además de esta fuerza de voluntad, para descubrir los nuevos contornos de la existencia se necesita tiempo para acostumbrarse a la oscuridad. Adaptarse correctamente a ella es fundamental para conseguirlo, algo que solo es posible si se hace de esta nueva visión un hábito.

Para que nuestro ojo pueda ver en la oscuridad, la pupila debe dilatarse lo máximo posible para dejar entrar la poca luz existente y captar nuestro entorno. En nuestros tiempos, nos resulta difícil permanecer en la oscuridad total. Incluso de noche, en nuestras habitaciones, estamos rodeados de pequeños ledes que nos indican que nuestros dispositivos están conectados al enchufe, mientras la luz de la farola de la calle atraviesa las rendijas de la persiana como un proyectil, dejando una estela blanquecina. Las fuentes de luz nos recuerdan constantemente que estamos a salvo dentro de las cuatro paredes de nuestra casa. Pero ¿y si al despertarnos en medio de la noche no pudiéramos ver nada? Sin algún faro como referencia nos sentiríamos perdidos como pescadores a la deriva, a millas de nuestro puerto seguro o, quizás y sin saberlo, a solo a unos metros de él. Lo que nos paraliza, sin embargo, no es no saber cuál es nuestra posición en el espacio, sino la carencia de información sobre el lugar en el que nos encontramos. La duda nos hace preguntarnos a qué distancia estamos del borde puntiagudo de un mueble. Esta parálisis por desorientación se amplifica cuando ya no estamos en un espacio conocido, sino en medio de la naturaleza, donde tiene lugar el verdadero encuentro con el concepto de *yūgen*.

Solo una vez he podido ver la sombra de la luna. En medio de las montañas que rodean un pueblo remoto podemos notar nuestra propia sombra, incluso al dar la medianoche. La ausencia de fuentes de luz artificial hace que la luna llena revele colores que nunca habíamos visto. El azul índigo dibuja los volúmenes de las cosas que nos rodean, adquiriendo miles de matices. Recuerda un poco lo que se dice de los esquimales, que conocen innumerables variaciones del blanco y tienen numerosas palabras diferentes para nombrar a la nieve. Esta habilidad deriva tanto de la necesidad de entender de qué tipo de nieve se trata según la estación del año, como del respeto hacia las diferentes formas que adquiere la naturaleza. Nuestros cinco sentidos son capaces de activarse de una manera completamente distinta, si les damos la oportunidad. Imaginemos los poros de nuestro cuerpo como músculos voluntarios, capaces de percibir y absorber sensaciones del exterior: el *yūgen* representaría el momento de su máxima apertura.

He aquí que, desde el corazón más oscuro de la naturaleza, oímos un gorjeo desconocido que viene de lejos —quizás sea un lirón—; aspiramos el aroma de la resina de los pinos, la humedad del aire fresco de una noche de junio.

Otro esfuerzo que requiere el *yūgen* es el reequilibrio de nuestros sentidos: la oscuridad provoca el retroceso de la vista, nuestro sentido favorito y en el que más confiamos, activando así los cuatro restantes y estimulando su potencial.

Incluso en la oscuridad total, ayudado por los otros sentidos, el *yūgen* es capaz de activar en nosotros una sensación de asombro y admiración, que nos lleva a tomar plena conciencia del espacio que nos rodea, aunque no podamos verlo. Cuando advertimos algo en la oscuridad, no estamos seguros de su forma visual. Un manto negro vela la información, que antes percibíamos de forma tan clara gracias al sentido de la vista.

Estamos acostumbrados a considerar lo bello como algo útil, sencillo, claro y preciso, que nos infunde una sensación de paz, de perfección formal. Para esta concepción de la belleza, lo opuesto es lo deforme, lo oscuro, lo diferente. Pero solo librándonos de esta idea dejaremos de pensar en la oscuridad como un malvado devorador de luz. El *yūgen* nos puede ayudar a hacerlo, estimulando en nosotros un sentimiento de pertenencia al entorno que nos rodea, un profunda sensación de felicidad, que nos ayuda a leer mejor el espacio en el que nos encontramos, a sentirnos completamente parte de él.

Por supuesto, no se trata de pasar del sol deslumbrante del mediodía a una habitación completamente oscura, sin cristales que dejen pasar la luz. Esto solo podría causarnos temor y desorientación. Por lo contrario, debemos acostumbrarnos a la nueva visión de forma gradual, e intentar encontrar en medio de la oscuridad aunque sea un solo detalle perceptible, y hacer que ese detalle nos lleve a sentirnos en total comunión con el mundo.

Las diversas formas de *yūgen*

Esto nos devuelve a la pregunta inicial sobre el verdadero significado de «bello». En Japón no existe una definición única de belleza, sino varias formas de entenderla y experimentarla. Descubrir los secretos de la naturaleza es uno de ellos, como descubrir las hojas escarlatas de las que habla Shōtetsu.

Desvelar sus misterios, sin embargo, no es suficiente para acercarse a su esencia. El *yūgen* presupone respeto, y una pacífica toma de conciencia de que no se puede llegar a conocer todo lo desconocido. El *yūgen* es una belleza delicada y frágil, es saber reconocer la última ola antes de que el viento amaine y la superficie del mar se aquiete por completo.

Como hemos visto, *yūgen* tiene que ver con la luz y, en consecuencia, con la oscuridad. Para ser exactos, se nutre de una «luz profunda» y de todas las contradicciones que trae consigo esta combinación de palabras. En efecto, estamos más acostumbrados a colocar el adjetivo «profundo» junto a la palabra oscuridad, a las tinieblas, al pozo cuyo fondo es imposible de ver. La del *yūgen* es, en realidad, una oscuridad que no es densa ni impenetrable sino sutil y acogedora, que espera ser experimentada.

Desde pequeños, tener una luz de noche junto a la cama nos tranquiliza, nos sirve para alejar el miedo a lo que se puede ocultar en lo desconocido, en lo invisible. La oscuridad suele sugerirnos monstruos con caras deformes y garras afiladas, listos para arrancarnos de entre las sábanas en cuanto cerremos los párpados. Pero quizás sea precisamente en la oscuridad donde reside lo más auténtico de la noche, que nunca descubriremos si persistimos en mantener la luz encendida. Según el principio del *yūgen*, con el binomio luz/sombra no ocurre lo mismo que con opuestos como bien/mal y bello/feo; entre la luz y la sombra hay matices que no siempre somos capaces de captar. Sería tranquilizador que algo tan sencillo como encender la linterna del móvil nos ayudara a enfrentar momentos de dificultad e inseguridad; sin embargo, el *yūgen* no es la belleza simple, y no ofrece salidas fáciles.

La belleza, según el *yūgen*, está indisolublemente ligada a la oscuridad y a la fascinación que suscita la penumbra. En el curso de nuestra vida encontraremos lugares que se prestan más que otros para acercarnos al verdadero significado de este término. La oscuridad de un ático o un sótano no es, después de todo, muy diferente de la de un bosque; lo que importa es no desperdiciar las posibilidades de comprender qué significa el *yūgen* para nosotros. Solo la búsqueda de la luz o de la penumbra adecuadas podrá llevarnos al núcleo mismo del alma humana. El *yūgen* es una visión sutil que nos permite ser uno con el mundo que nos rodea.

Toshio comenta que en Japón hay incluso una forma especial de arte que encarna la experiencia del ideal estético del *yūgen*: el teatro *nō*. Nacido en el siglo XIV, el teatro *nō* (un *kanji* que significa «habilidad») es considerado uno de los más difíciles de abordar. El principal problema deriva de la vaguedad que impregna esta corriente artística. Los personajes se presentan sin características precisas y continúan siendo entidades impersonales hasta el final, sin la estructura compleja y definida de la personalidad que acostumbramos a encontrar en la comedia o la tragedia tradicionales. A menudo son como fantasmas y llevan una máscara en la cara como único indicador de sus emociones. La ausencia de individualidad es lo que acerca el teatro *nō* a la universalidad de la naturaleza. Esta forma de representar la realidad se adapta bien al concepto de «indefinible» y «oscuro» del que hemos hablado. La búsqueda de lo universal requiere la inmersión en una situación desconocida, en la que debemos aprender a orientarnos. En las representaciones *nō* el actor sufre transformaciones, pasa por diferentes personajes; esto sirve para recordarnos que la identidad no es una estructura sólida, sino algo cambiante, tanto en la vida como en el teatro. El carácter individual no es lo es todo, sino solo una herramienta a través de la cual experimentar las diversas formas que ofrece la naturaleza.

El *yūgen* es, al mismo tiempo, contenedor y contenido; dado que expresa el sentido de pertenencia al espacio circundante, inevitablemente también representa a este último, es decir, todo lo que nos rodea. Intentemos explicarlo mejor: si tuviera que imaginarlo visualmente lo haría tomar la forma de un líquido, que tiene una espacialidad bien definida, pero su forma depende del recipiente. La individualidad sólida no es lo importante, porque está sujeta a constantes cambios y transformaciones. Lo que tenemos que mirar es lo general, lo inespecífico.

El actor de teatro *nō* alcanza un estado en el que el ego, el yo, prácticamente se borra, para permitirle ponerse totalmente a disposición del proyecto universal. Esto se debe a que todas las cosas son idénticas en el momento en que se vacían de su ego: solo entonces somos parte de la naturaleza en su sentido más puro.

Incluso el espacio en el que tienen lugar las representaciones *nō* está despojado de cualquier peculiaridad, para agudizar la sensibilidad del espectador. No hay escenografía, no hay objetos; en ocasiones, a los movimientos no les corresponden palabras. Una temática frecuente en este tipo de teatro es la frontera entre la vida y la muerte, entre el apego a este mundo —que es fuente de sufrimiento—, y el espíritu liberado, que está más allá de los límites. El punto culminante de esta toma de conciencia es descubrir que lo transitorio no es algo amenazador, sino la esencia de todo lo que existe. Lo mutable es, por lo tanto, el único fundamento de la existencia y, como tal, una fuente de belleza y asombro.

Además del teatro *nō*, la estética de la sugestión está presente en algunas de las formas de arte más peculiares, como la ceremonia del té, la poesía *haiku* y los jardines japoneses, que recrean las condiciones adecuadas para la experiencia *yūgen*. En uno de los *haiku* menos conocidos de Kobayashi Issa, por ejemplo, vuelve la imagen de la luna en una noche nublada, que Shōtetsu había convocado. Para el autor, ésta es sinónimo de hogar, en el sentido más general posible, y el logro del objetivo deseado después de mucho esfuerzo.

Después de un largo camino
he encontrado
una luna cubierta de nubes. [5]

La grandeza de los *haiku*, como el *yūgen*, es lo que permanece tácito, lo que está más allá de las palabras elegidas por el autor. La poesía se basa en las sugerencias de los sentidos y la mente, y ésta es otra de las muchas formas que tiene el *yūgen* de manifestarse.

---

5. Kobayashi Issa, *The Dumpling Field. Haiku of Iss*a, Ohio University Press, 1991, pág. 101.

Esto no significa que los *haiku* y el *yūgen* sean inexplicables. La dificultad de alcanzar el verdadero sentido no presupone una incomprensión eterna y total. El núcleo no está envuelto por un manto de misterio con la intención manifiesta de permanecer incomprensible, sino que requiere un abordaje diferente por parte del lector: el desarrollo de una facultad que se une a la comprensión teórica, y que se superpone parcialmente a la sensorial.

Otra comparación que podríamos utilizar para comprender más plenamente la verdadera naturaleza del *yūgen* es la que existe entre una pintura maravillosamente multicolor y otra constituida solo por un contorno trazado con una gruesa línea negra. Solo una de ellas requiere nuestra intervención como espectadores activos. Si lo pensamos bien, la primera pintura se ofrece tal como fue concebida: el rojo será ese rojo elegido por el artista, el amarillo será ese amarillo específico, el verde será ese verde, y así sucesivamente. Si, en cambio, no tenemos más que un trazo negro que delimita espacios sobre la superficie blanca, vemos que el lienzo adquiere potencialmente todos los matices de que nuestra mente y, sobre todo, nuestra experiencia del color nos dictan.

Esta es la magia de la sugestión del *yūgen*: mantener un espacio siempre abierto para lo que podría ser, para lo profundo y lo trascendente. La imagen de la verdadera naturaleza de las cosas está mediada por la búsqueda de la comunión con ésta, tanto si está al alcance de todos como si para alcanzarla fuera necesaria una inmersión profunda, que podría dejarnos sin aliento.

Tras haber experimentado el asombro ante la maravilla de lo creado, a veces nos preguntamos cómo conseguir sentirnos parte del universo, de una realidad inmensamente mayor que nosotros. ¿Cómo percibir nuestra existencia en medio de todo esto? ¿Qué debemos hacer para encontrar nuestro lugar en el mundo? ¿Cómo encontrar nuestra identidad en las grandes ciudades en las que vivimos o mientras caminamos por un sendero de la montaña, rodeados de imponentes árboles y completamente inmersos en la naturaleza?

En nuestros tiempos nos cuesta encontrar ese punto de contacto genuino, que muchas veces sentimos como algo forzado. Las vacaciones con las que soñamos todo el año y que imaginamos relajantes y alejadas del ajetreo urbano, se convierten luego en viajes por carreteras congestionadas que nos llevan a playas equipadas y spas con todo el confort que se puede desear. Esto ocurre porque se nos ha vuelto difícil estar cómodos en ambientes que ya no reconocemos como propios. Lo mismo puede suceder en casa, aunque es el lugar donde vivimos y quizás esté amueblado según nuestro gusto, con objetos que hemos elegido: a veces, cuando nos sentimos abrumados por el desorden, nos resulta difícil identificarnos con él.

Quizás ahora podamos explicar el *yūgen* no como un concepto distante, sino como la capacidad de reconectarnos con el mundo natural, con el espacio que nos rodea, incluyendo nuestro hogar, sin aspirar a alcanzar el cielo sino conectados con lo que está bajo de nuestros pies y a nuestro alrededor.

No debemos dejarnos deslumbrar por la luz al final del túnel, una imagen que acostumbramos a asociar con la salvación. Según el principio del *yūgen*, es precisamente esa luz tan intensa la que hace que las cosas sean indistinguibles; una luz que todo lo abarca, en la que incluso lo maligno puede disfrazarse de salvación. Busquemos, en cambio, ambientes cuya iluminación favorezca el equilibrio, la unión con lo que aún no hemos encontrado en nuestro camino.

A veces es posible que creamos que nuestra vida sigue un plan, un camino predeterminado, y que eso nos tranquilice. La planificación por nuestra parte es una forma de arrojar luz sobre el futuro, de poner una especie de cinta adhesiva fluorescente para delimitar la ruta y las vías de escape.

Quizá el *yūgen* signifique darnos cuenta, mientras escrutamos atentamente la oscuridad, de la presencia de un escalón inesperado, un segundo antes de tropezar. El *yūgen* es lograr caminar en la oscuridad.

15
物の哀れ

Mono no aware:
La belleza en la fragilidad
y la imperfección de la
existencia

*Mono no aware: La belleza en la fragilidad
y la imperfección de la existencia. Mono no
aware puede definirse como el pathos de las
cosas, un sentimiento de participación
emocional con relación a la existencia.
Es la contemplación de la belleza,
seguida de la sensación nostálgica que
nos produce su incesante cambio.*

物の哀れ

MONO NO AWARE

La belleza en la fragilidad y la imperfección de la existencia

Honen-in
35°01′26.3″N 135°47′50.7″E

Dejamos atrás Eikan-Do, y tomamos el Tetsugaku-no-Michi (el «sendero del filósofo») hacia el norte. Atravesamos una puerta cubierta de musgo, y de inmediato nos acoge una intimidad que no se puede encontrar en muchos de los templos y santuarios de la ciudad, ni siquiera en los más grandes y famosos.

Toshio y yo avanzamos por un camino de tierra que nos lleva, a través del bosque, a un cementerio arbolado aún más sereno que el templo mismo.

Las tumbas están adornadas con flores tradicionales, incienso y agua. La mayoría de ellas tienen bellísimas *sotōba* (ofrendas en forma de listones de madera) para examinar. Toshio me lleva ante la tumba del ilustre Jun'ichirō Tanizaki, la única que está separada. Este lugar de cuento de hadas, en el que la naturaleza y la memoria se unen, trae a la memoria de mi amigo a uno de los otros grandes e ilustres cantantes de Kioto: el premio Nobel Yasunari Kawabata, a quien ya hemos mencionado, cuya sepultura parece pasar desapercibida.

Sentados aquí en el Honen-in, es nuevamente Toshio quien me guía, esta vez a través de la literatura de su país. Me cuenta que en sus obras, Kawabata a menudo aborda la intensa emoción que experimentan quienes han encontrado un hogar para su propia alma. La pureza y la tensión que se viven en el momento de este descubrimiento tiñen toda la experiencia de una sensación de dolor. Pero es un dolor diferente al causado por una depresión o una pérdida. Es, más bien, una sensación de nostalgia relacionada con el cambio incesante, con las rápidas transformaciones. En la tradición de la literatura japonesa, continúa Toshio, la naturaleza a menudo ha estimulado ese sentimiento doloroso. Quizás porque es indómita, a veces incluso despiadada, hecha de experiencias fugaces; basta con pensar en el ciclo de vida de una mariposa. Pero son precisamente estas características las que realzan su belleza. He aquí, entonces, que de ella podemos extraer la esencia misma del concepto de *mono no aware*, como explica mi amigo.

La belleza de lo efímero

Lo sabemos, en este mundo todo pasa. La fugacidad de las cosas, de las situaciones y sensaciones, de la vida misma, ha llenado las páginas de los más grandes escritores y filósofos de todas las culturas del planeta, muchas veces acompañada de una invitación a disfrutar al máximo de lo existente, mientras existe.

La conciencia de que todo está destinado a terminar tarde o temprano siempre ha colocado al ser humano ante dos sentimientos opuestos: por un lado, el impulso positivo por aprovechar el momento, la alegría de vivir que se manifiesta en el aquí y ahora; por otro, la melancolía del final que se cierne sobre todo, la angustiosa tristeza de saber que nada está destinado a perdurar. Pero estos dos aspectos en apariencia tan diferentes no son más que las dos caras de una misma moneda; ambos conviven en el alma humana, que, mientras disfruta y se regocija ante el espectáculo que brinda el sol que se pone lentamente, a la vez está impregnada de una cierta melancolía, que le susurra que ese es el momento en el que muere el día. De igual forma, cuando nace un niño, es imposible no temer por su futuro y preocuparse por su vida desde el primer momento. Al mismo tiempo, la alegría que llena el corazón de una madre o un padre cuando posa la mirada sobre su pequeño es indescriptible. Los sentimientos de euforia que se experimentan ante el florecimiento de un nuevo amor siempre están teñidos de una vaga ansiedad por el futuro, del temor de que estas primeras emociones pierdan intensidad o desparezcan, la tristeza de un posible final, que nadie puede prever.

Esta dualidad, tan difícil de expresar en nuestro idioma y que solo se puede explicar mediante el uso de metáforas y complicadas interpretaciones, a menudo esquivas y confusas, tiene en japonés una palabra directa y precisa: *mono no aware*, que, simplificando mucho su sentido, significa «*pathos* por las cosas».

La explicación del término en toda su profundidad es mucho más compleja; para encontrarla, hay que retroceder en el tiempo. Según Toshio, hasta la que se considera la primera novela psicológica en la historia de la literatura mundial, el *Genji monogatari* (conocida en español como *La historia de Genji*). La compleja obra, escrita por la dama de la corte Murasaki Shikibu en el siglo xi, cuenta las vicisitudes de uno de los hijos del emperador; en el momento final de su existencia, el protagonista transmite perfectamente el sentimiento de melancolía y el *pathos* ante la fugacidad de la vida en un discurso conmovedor, convertido en el símbolo del *mono no aware*, en el que expresa gratitud por lo vivido pero también una inmensa melancolía porque lo que fue ya pasó, y nunca se repetirá de la misma manera.

Se trata del ejemplo más antiguo, pero la cultura japonesa actual está profundamente marcada por este fascinante concepto.

La belleza como espectáculo conmovedor de la vida

¿De dónde viene esta expresión desde el punto de vista lingüístico? Es muy interesante analizar su origen y evolución: *mono no aware* consta de dos partes: *mono no*, que significa «de las cosas», y *aware*, que significa «*pathos*», «participación emocional», «compasión», «melancolía». *Aware* es una interjección, similar a nuestro «¡Oooh!», una exclamación de asombro y desasosiego referida a la cualidad emocional de las cosas y su valor intrínseco, que también involucra profundamente al ser humano e influye, de alguna manera, en su percepción del mundo exterior. Tanto la exclamación original como la palabra derivada de ella expresan un sentimiento muy intenso que viene del corazón, que puede ser de alegría, asombro y admiración, y al mismo tiempo de dolor, melancolía y tristeza; estas emociones están siempre conectadas a la observación de la naturaleza e implican una participación emocional con respecto a la existencia.

Mono no aware es, por tanto, la contemplación de la belleza de las cosas del mundo, especialmente de la naturaleza, que causan asombro y maravilla, seguidos de inmediato de un sentimiento de nostalgia y melancolía, debido a la conciencia de su fugacidad y su cambio constante. La observación se hace sentimiento, y la belleza, un conmovedor espectáculo de vida y muerte, que conviven en el aquí y ahora.

No obstante, lo que falta por completo en el concepto de *mono no aware* es la tragedia: la melancolía por la fragilidad de la existencia lleva más bien a un sentimiento de conmoción y resignación, en lugar del drama angustioso del final. En efecto, se podría decir que es precisamente esta resignación ante la certeza de la rápida caducidad de las cosas la que provoca una reacción contraria, la decisión de disfrutar al máximo del espectáculo que ofrece la naturaleza. Así, *mono no aware* habla de la admiración hacia lo que existe, de la emoción silenciosa y el seráfico desencanto que produce una perspectiva clara del mundo y su ineludible fugacidad. El sufrimiento y el drama están ausentes; es una mirada serena a la certeza del final. Me recuerda la manera en que nos sentimos al finalizar la reorganización del espacio en el que vivimos: miramos nuestro hogar con otros ojos, satisfechos e incluso asombrados por el resultado obtenido, orgullosos de haber tomado decisiones difíciles, conscientes de que todo está finalmente en su lugar; y nosotros, también.

Un ejemplo práctico y muy conocido en el que el sentimiento de *mono no aware* se manifiesta plenamente en la tradición japonesa es el festival del *hanami*, del que ya hemos hablado, que es la costumbre de admirar la floración de los cerezos y celebrar el esplendor de la naturaleza, conscientes de que la *sakura* solo vivirá unos días. Es precisamente su fugacidad lo que hace que la naturaleza sea fascinante; el final vislumbrado en el nacimiento carga la realidad de una alegría melancólica, que nos permite disfrutar de la belleza del entorno, que nos alegra la vida, y al mismo tiempo sufrir por el inevitable final que le espera a todo, incluyéndonos a nosotros.

Durante el *hanami* se cantan canciones populares dedicadas a los cerezos en flor, los niños corren entre los árboles florecidos de los parques y se realizan los tradicionales pícnics; es una fiesta que dura todo el día, hasta que llega la noche y el momento de soltar los clásicos farolillos de papel, que se elevan al cielo llevando los deseos y las esperanzas de la gente. Esta es la máxima expresión del *mono no aware*, una fiesta en la que en todo Japón se contemplan los cerezos en flor, extasiados ante el espectáculo de la belleza fugaz, que pone al ser humano frente a la inexorable certeza de la precariedad de lo real.

La mutabilidad de la existencia es la esencia de las cosas

Pero si este evento es la apoteosis de la transitoriedad de las cosas, si el hombre está expuesto a la fugacidad de la belleza desde el momento en que nace, ¿qué motivo hay para celebrar? La clave está en que la verdadera belleza, la más profunda, se encuentra al final; radica, precisamente, en el hecho de que nada es permanente. Por eso, por el poco tiempo del que disponemos, todo adquiere un significado más intenso, y tenemos la oportunidad de descubrir, asombrados, la verdadera esencia de lo que nos rodea.

El *mono no aware* es, como hemos visto, un concepto muy complejo, ya que expresa una coexistencia de sensaciones que de alguna manera se contraponen entre sí. Pero eso no es todo: la fuerte empatía hacia lo que existe se mezcla en el alma humana con un sentimiento de melancolía hacia la fragilidad de la vida, y por lo tanto de nostalgia debido a la certeza de que lo que existe en un momento dado ya no existirá en un momento posterior. Todo se caracteriza por un flujo constante que se inicia, muta y acaba: aunque se repita, nunca lo hará de idéntica forma. La tristeza es inevitable, dada la enorme implicación emocional del alma en los cambios de la realidad, que afectan al ser humano en primera persona.

En el origen de esta filosofía se encuentra, claramente identificable, una visión estética del paso del tiempo y su irreversible influencia sobre los acontecimiento de este mundo. Todo, desde la vida de cada uno de nosotros hasta los objetos, pasando por los elementos de la naturaleza, sufre el efecto del inevitable avance del tiempo, todo lleva sus señales. Darnos cuenta de ello provoca en nuestra alma una sensación de melancolía y soledad a veces agotadora, porque somos conscientes de que el destino de todas las cosas es también el nuestro.

Una visión del mundo según el *mono no aware*, sin embargo, ayuda a captar la belleza de esta efímera existencia, poniéndonos frente a la evidencia de lo fútil que es luchar y preocuparse. Necesitamos involucrarnos emocionalmente en nuestra vida, abrazar su fugacidad y regocijarnos en ella, sin atormentarnos por los pequeños inconvenientes diarios, ni por la idea misma del final. La belleza de la vida, después de todo, radica precisamente en su fragilidad: cuanto más fugaz es, más fascinante. Si no fuera así, si todo fuera eterno e imperecedero, no aprovecharíamos de la misma manera lo que tenemos y pronto nos veríamos sumidos en el aburrimiento; en cambio, es precisamente el temor de ver desaparecer todo lo bello lo que nos induce a disfrutarlo antes de que sea demasiado tarde.

Para atesorar esta enseñanza es necesario buscar siempre la belleza en las cosas, en los momentos, alejando el pesimismo inherente al temor a la muerte. Ser capaz de captar la fugacidad de cada acontecimiento debe constituir un aspecto positivo y un elemento de fuerza que nos permita vivir de una manera más pacífica, sin dejarnos abrumar por la angustia y la desesperación por los cambios constantes que conducen al fin. Nada puede ser eterno, y es inútil anhelar lo imposible: la mutabilidad de la existencia es la esencia de las cosas, de nuestra propia vida, por lo que debemos vivir cada día con una mirada llena de *mono no aware*, de empatía hacia todo lo que nos rodea, para que finalmente podamos apreciar incluso lo que más nos asusta.

Mono no aware aplicado a los aspectos prácticos de la vida

Pero ¿cómo se llevan a la práctica, en la vida cotidiana, estos discursos abstractos que intentan ofrecer una explicación comprensible de la filosofía del *mono no aware*? En primer lugar, es esencial cambiar nuestro enfoque acerca de la realidad: debemos liberarnos de la angustia que nos hace preocuparnos por todo y dejar atrás el miedo a la vida, ese miedo que nos lleva a fijarnos solo en la rapidez del paso del tiempo, sin tener en cuenta lo que sucede mientras tanto. Deberíamos actuar en consecuencia, por ejemplo, aprender a detenernos de vez en cuando para contemplar, observar y saborear el momento que estamos viviendo, sea bueno o malo, por el mero hecho de tener la suerte de vivirlo; incluso en los momentos más oscuros de nuestra vida, la naturaleza que nos rodea es espléndida. No la dejemos escapar.

En resumen, deberíamos afinar nuestra sensibilidad al observar el entorno; necesitamos aprender a valorar con empatía la existencia de todo ser vivo, desde los seres humanos hasta los animales y las plantas, así como los fenómenos naturales, porque en cada momento de nuestra vida podemos apreciar su singularidad; estar atentos para poder captarla y atesorarla es la clave del *mono no aware*. Abrazar la alegría por cada momento vivido, y al mismo tiempo la melancolía por su casi inmediato final.

El estilo de vida japonés nos enseña mucho al respecto, dado que la sociedad japonesa se basa precisamente en la mutabilidad de la existencia: la filosofía de la gente del Sol Naciente contempla de la misma forma el éxito y el fracaso, porque ambos son temporales. Una vez logrado el éxito en nuestra vida personal o laboral —o, para ilustrarlo con un ejemplo que ya conoces bien, que hayamos logrado ordenar nuestro hogar— debemos recordar que no es permanente, y lo mismo ocurre con el fracaso. Toda situación en nuestra vida es temporal, por lo que debemos apreciar el valor y las enseñanzas que entraña cada momento, cada experiencia, sin angustiarnos por su final: nada está destinado a durar eternamente. Eso es lo que hace que cada momento, cada fracción de tiempo, sea importante.

Debemos dejar que las cosas nos maravillen, porque cada una es única e irrepetible. Esta manera de observar lo que nos rodea nos permite desarrollar esa apreciación empática de la belleza efímera que se manifiesta en la naturaleza y en nuestras vidas, que esa pizca de tristeza que la acompaña no logra empañar.

Mono no aware implica la capacidad de dejarse tocar por el mundo, de involucrarse en los diversos aspectos de la realidad; es una habilidad que necesita ser nutrida y fomentada de forma constante, para no ser sofocada por la rutina cotidiana, que a menudo nos nos hace olvidar la belleza de lo que nos rodea.

Otro factor que daña esta sensibilidad es la visión utilitarista de las cosas que nos transmite la sociedad, empujándonos a considerar inútil todo aquello que no produce lucro o que no implica ventajas prácticas en términos de comodidad o economía.

Pues bien, esta es la primera idea que deberíamos modificar: según la filosofía del *mono no aware* todo es útil, si es bueno para el espíritu. Cada elemento de nuestra realidad nos enriquece por el solo hecho de existir; deberíamos considerar los momentos que dedicamos a observar la belleza de la naturaleza no como una pérdida de tiempo, sino como una ganancia personal, un gran paso adelante.

La filosofía del *mono no aware*, en su concepción original, habla de sentimientos ligados a la naturaleza. Sin embargo, en nuestra realidad de hoy la naturaleza es algo mucho más amplio y articulado, pero siempre en equilibrio, una naturaleza pronta a intervenir cuando menos lo esperamos. El «*pathos* por las cosas» puede y debe ser desarrollado por nuestro espíritu con relación a todos los aspectos de la vida. Debemos aceptar que, en el mismo momento en que venimos al mundo, la muerte también nace con nosotros, y esto también se aplica a las cosas. En el momento en que nos sentimos más vivos, percibimos el final de forma más nítida; cuando lo que nos rodea está en su apogeo, una corriente de melancolía nos susurra que no siempre será así.

Precisamente por eso debemos vivir nuestra vida al máximo, buscando constantemente la belleza, aunque sea efímera, convirtiéndola en la parte más importante de nuestra existencia y abrazando junto con ella la melancolía que nos produce la conciencia del fin. Mirar el mundo con un espíritu pleno de *mono no aware* significa lograr reconocer el poder de la realidad que nos rodea para emocionarnos y, en consecuencia, encontrar la mejor forma de comunicarnos con los demás.

Porque el *mono no aware*, me recuerda Toshio, no reside solo en las cosas: también está en las personas, en cada relación que establecemos. Como las cosas, las relaciones también tienen un principio y un final y se componen de momentos, tan fugaces como una flor que se abre y marchita. Cada persona que forma parte de nuestra vida es única e irrepetible, por eso es importante observar y escuchar, apreciar los detalles que hacen de cada uno de nosotros alguien especial. Debemos tratar de comprender y aceptar la transitoriedad de las emociones, que cambian lo mismo que las cosas. De ese modo, las reconoceremos por lo que son y las disfrutaremos profundamente mientras duren. La conciencia del fin no debe desmotivarnos, sino constituir un estímulo para enamorarnos, para vivir cada momento y cada pasión al máximo.

Es esta actitud la que acentúa la belleza del momento, haciendo más intensa cada emoción antes del final.

La contemplación de la belleza

Es evidente que no es sencillo cambiar nuestra actitud para adoptar este aspecto de la filosofía japonesa. Si siempre hemos vivido con miedo al final, manteniéndonos ocupados para evitar el silencio de nuestros pensamientos, es legítimo preguntarnos cómo podemos cambiar radicalmente nuestra concepción de la realidad. Sin embargo, es mucho más simple de lo que parece: la clave del cambio reside en la observación. Observar la naturaleza que nos rodea, prestar atención a cada detalle de las cosas, las personas y las situaciones, sirve para exorcizar el miedo que nos impide disfrutar verdaderamente de la vida; al examinar con calma el mundo exterior y nuestro propio interior, descubrimos que la alegría y la tristeza coexisten en armonía. La naturaleza es una gran maestra, que nos transmite el valor de la belleza, pero también el de la paciencia y el respeto hacia nosotros mismos y por todo lo que llena nuestra vida.

La belleza es más fuerte que la angustia y, lo que es más importante, nos permite aceptar el fin como parte esencial de la vida, sin temerlo, sin negarlo, apreciando en cambio su capacidad de ensanchar nuestro espíritu y hacerlo sensible a las bellezas del mundo.

Abracemos, entonces, el encanto del *mono no aware*, investiguemos y contemplemos la belleza, a fin de experimentar una relación más auténtica con lo que nos rodea.

Mientras Toshio y yo nos marchamos, las sombras del atardecer descienden sobre la montaña, y una ligera niebla comienza a levantarse del suelo. Por encima de nosotros, entre los árboles, asoma el hocico de un gran ciervo que nos mira. Luego, tan silenciosamente como había llegado, nos da la espalda y desaparece en la espesura del bosque.

Conclusión y agradecimientos

Nunca pensé que escribiría este libro, ni imaginé que haría este viaje a un lugar tan lejano como fascinante. Pero, como suele suceder con los mejores viajes, y a pesar de ser un viaje metafórico, tuvo sus inspiraciones.

Me he sentido inspirada por la tierra del Sol Naciente, con sus imponentes dragones dorados, sus plácidos jardines zen, sus paisajes naturales increíblemente evocadores y sus extraordinarios monumentos.

También me han inspirado algunas personas especiales que, movidas por una particular sintonía, me dijeron: «Vayamos juntos», y a quienes aprovecho para dar las gracias.

Gracias, pues, a Noemi y a todo el equipo de la agencia editorial Lorem Ipsum, por la colaboración en la investigación y el asesoramiento, y por darme la oportunidad de conocer muchos aspectos que desconocía sobre Japón. Agradezco también a la editorial, Giunti, que creyó en mí para la realización de este itinerario de descubrimiento de la cultura japonesa.

Tuve el placer de realizar en su compañía un paseo metafórico por Kioto y por algunos sitios de la región de Kansai, quince lugares que han resultado ser paradigmas ideales de otros tantos conceptos básicos del pensamiento filosófico, espiritual, cultural y social de Japón.

Gracias a estos maravillosos compañeros de viaje, he descubierto el vínculo de muchos de estos conceptos con mi trabajo, lo cual me ha llevado a explorar con pasión y entusiasmo todos los puntos de contacto entre mi actividad como organizadora profesional y la filosofía japonesa.

Aprendí lo importante que es sentirse en armonía con el espacio que nos rodea, un aspecto esencial tanto en Japón como en mi actividad profesional. Ha sido una lección extraordinaria.

Aprendí la importancia de aprovechar las cualidades que poseemos para encontrar nuestro propósito en la vida, nuestro *ikigai*. Aprendí, con *wabi sabi*, que la verdadera belleza, la más auténtica, a menudo se esconde en las cosas imperfectas, y que podemos hacer de esa imperfección nuestro punto fuerte y dejar que brille con luz propia; como el oro, como enseña el *kintsugi*. A través del *nintai*, aprendí el valor de la paciencia. Aprendí, primero con *omoiyari* y luego gracias al *omotenashi*, que saber escuchar es fundamental para interpretar las necesidades, sueños y emociones de los otros, ya sean nuestros seres queridos, amigos, compañeros o simples desconocidos.

A través del *yūgen* aprendí a dejarme inspirar por la naturaleza, a observarla con ojos asombrados para apreciar toda su belleza, y la dicha y la paz que transmite. Pude comprender su fuerza disruptiva al seguir las enseñanzas del *shinrin-yoku*, y dar la bienvenida al cambio de estaciones con gratitud y espíritu renovado, así como los japoneses reciben a la primavera, celebrándola durante el *hanafubuki*.

Con el *koi no yokan* aprendí que el amor no conoce reglas y que cuando estamos destinados a una persona, es el propio destino quien la reconoce, incluso antes que nosotros. Y una vez que hemos encontrado a esa persona, no necesitamos estar rodeados de muchas cosas ni acumular demasiados bienes: basta con lo esencial. Porque ya poseemos todo lo que necesitamos para ser felices, como enseña el *danshari*.

Aprendí que el descubrimiento de la mejor versión de nosotros mismos, encarnada por el *hanasaki*, pasa también por el *kaizen*, un camino marcado por una evolución paulatina y constante, que no establece metas lejanas y fuera de los límites, sino que se centra en pequeños pasos diarios. Sin olvidar que la gratitud, como enseña el *itadakimasu*, es una cualidad fundamental que debemos practicar no solo con relación a los demás, sino ante todo con nosotros mismos.

Todas estas lecciones me llevaron a la última etapa, representada por el *mono no aware*, un sentimiento que lo abarca todo y que implica sentirse involucrado en las cosas, en la belleza y al mismo tiempo en la fragilidad del mundo; sentirse uno con su propia existencia, a pesar de su imperfección y fragilidad, es un concepto implícitamente ligado al *wabi sabi*.

Finalmente, aprendí a leer en cada uno de estos principios del pensamiento japonés una enseñanza para ser atesorada, una posibilidad de alegría y enriquecimiento. Porque cada uno de ellos, si bien tiene sus raíces en tiempos remotos, es hoy más relevante que nunca, incluso en Occidente.

Cada capítulo de este libro me remite a ciertos recuerdos, a personas que he conocido a través de mi trabajo y sobre todo al asombro que sentí frente a la vida, que aprendí a mirar con ojos nuevos gracias a la sabiduría japonesa, a sus sugerencias prácticas para una existencia más sana, consciente y feliz.

Finalizo este libro con la esperanza de que estas experiencias, estos principios, sean tan valiosos para los lectores como lo han sido para mí. De haberlos llevado, paso a paso, a comprender y apreciar la inspiración del pensamiento japonés.

Y, finalmente, con la esperanza de que también los acompañen durante su viaje, ya sea con una mochila al hombro o simplemente con la imaginación o con la ayuda de Google Maps.

Ecosistema digital

Floqq
Complementa tu lectura con un curso o webinar y sigue aprendiendo.
Floqq.com

Amabook
Accede a la compra de todas nuestras novedades en diferentes formatos: papel, digital, audiolibro y/o suscripción.
www.amabook.com

Redes sociales
Sigue toda nuestra actividad. Facebook, Twitter, YouTube, Instagram.

EDICIONES URANO